1970年代〜2000年代の鉄道

地方私鉄の記録

第3巻【甲信

JN001624

富士山麓電気鉄道富士急行線、松本電鉄　　　　　　　　　4子線
真田・傍陽線、上田電鉄別所線、アルビコ交通上高地線、長野電鉄
新潟交通新潟交通線、蒲原鉄道蒲原鉄道線、北越急行ほくほく線
くびき野レールパーク、頚城鉄道自動車頚城鉄道線、越後交通栃尾線

写真・諸河 久　解説・寺本光照

上田交通別所線　モハ5260型5261　上田行き　別所温泉〜八木沢　1986.1.15

冬枯れの塩田平の急こう配を下り、一路上田を目指す古豪モハ5260型単行の普通電車。この日は成人の日だが、昭和初期製の5260型の車体はその3倍の車齢を重ね還暦も近い。現在ならレトロ電車として、鉄道ファンならずともスマートフォンを向ける人たちも多く、注目を浴びるところだが、昭和末期の時代にはこうした車両も地方私鉄では別段珍しくもなかった。上田丸子電鉄で最後まで残った上田交通別所線は、この年の10月に架線電圧が1500Vに昇圧され、それに伴い750Vの現役車両は全廃されるので、5260型をはじめとするレジェンドの活躍はあとわずかだ。

.....Contents

師走の落日を車体側面いっぱいに浴びながら上高地線の終点区間を行く3000型電車。このクハ3004＋モハ3003の編成は1958年から1986年にかけて上高地線で活躍したモハ10型リバイバルカラーで運転されている。先頭のクハ3004は動力を持たないが、冬場の霜取り対策のためパンタグラフを付けている。
アルピコ交通上高地線　3000型　新島々行き　淵東～新島々　2019. 12. 1

長野電鉄長野線の終点湯田中に向いラストスパートする2000系D編成の特急。赤く実ったリンゴ」の果実と緑の栗、秋晴れの真っ青な空と車体のツートンカラーが見事な調和を見せる。2000系電車が座席指定の長野～湯田中間特急として運転を開始するのは、1957年3月15日のこと。写真撮影時点では節目にあたる50年を過ぎていた。全国広しといえど、同一形式の優等車両が半世紀以上にわたって活躍するのは、この長野電鉄だけだろう。起終点を含む停車駅がすべて有人で、切符の収受に差支えがなくても、助士席側に「ワンマン」の表示は普通電車運用にも充当されるのが理由である。
長野電鉄長野線　2000系　特急湯田中行き　夜間瀬～上条　*2007.11.4*

裏表紙：稲刈りも終わった秋晴れの高田平野を行くHK100型2連の六日町行き電車。HK100型はすべて下枠交差型のパンタグラフを六日町方に1基付けているのが特徴である。先頭車が正面と側面にラッピングを施しているのは、北越急行ほくほく線開業15周年記念事業によるもので、2012年10月から2013年3月までは側面にも書かれている「にこにこトレイン」の愛称で運転された。
北越急行ほくほく線 HK100型2連　六日町行き　犀潟～くびき　*2012.10.20*

はじめに

　筆者が鉄道出版社勤務からフリーカメラマンに転身したのは1979年初頭のことだった。

　前年の1978年、国鉄は経営活性化の旗頭として特急列車のヘッドマークを「絵入り」に変更したため、国鉄特急列車ブームが到来した。巷にはオーソドックスな鉄道写真集から幼児向け写真絵本に至るまでの鉄道出版物が氾濫し、鉄道写真の需要が増大していた。筆者もその恩恵に浴することになり、全国的な規模で国鉄列車を始めとする鉄道写真の撮影に東奔西走した時代だった。

　アマチュア時代の筆者は、路面電車や地方私鉄をテーマにした鉄道写真を得意なジャンルにして、全国を渉猟している。プロに転じた1970年代からも、バラエティに富んだ地方鉄道をモチーフにカラーポジ撮影に勤しんだ。この時代の35mm判一眼レフカメラにコダクロームフィルムで記録した私鉄作品は発表の場も少なかったために、殆どがストックフォトとしてアーカイブされていた。

　かねてから、当時のアーカイブスを写真集にする企画を模索してきたが、「フォト・パブリッシング」から写真集化のお勧めいただき、地方私鉄作品に特化した「1970年代～2000年代の鉄道　第1巻　地方私鉄の記録　南関東編」を2024年2月に、「第2巻　北関東編」を4月に上梓できた。既刊に引き続き「1970年代～2000年代の鉄道　第3巻　地方私鉄の記録　甲信越編」を上梓することとなった。本編にはカラーポジ撮影が一般化する前に廃止された松本電鉄浅間線、上田丸子電鉄丸子線／真田・傍陽線、頸城鉄道自動車、越後交通栃尾線のモノクローム作品も収録することになって、既刊とは違った歴史的な記録の一面も紹介できた。今後は、筆者の40年余に及ぶ膨大な地方私鉄の作品群を会社・地域別に区分して、地方私鉄の記録　伊豆・駿河・遠州編などの編集方針で続刊する予定だ。

　この時代の主力感光材料がプロから絶対的な信頼を得ていた高解像度で退色に強い「コダック・コダクローム64（KR）」だったことも功を奏し、40余年の時空を超えて鮮明なカラー作品として再現することができた。また、2002年以降のデジタル撮影作品も加えて、地方鉄道の描写に彩を添えられた。

　本書では鉄道執筆の泰斗である寺本光照氏を解説者にお願いして、掲載会社路線の概略や掲出車両の出自を精緻に解説いただいた。

　掲載作品の選定、ページ構成は前回に引き続き寺師新一氏のお手を煩わせた。企画編集にご尽力いただいた田谷恵一氏とともに書上から謝意を表します。

諸河 久

　幼少の頃から鉄道に興味を抱いてきた筆者が、本格的に趣味の対象として鉄道情報誌を購読したり、鉄道写真を撮影したりするのは、高校に入学した1965年のことである。鉄道写真家の諸河久氏とは、氏が鉄道出版社勤務だった1971年10月に、東京都内でお会いして以来、半世紀以上にわたってお付き合いをさせていただいている。

　今回もご縁があって、「地方私鉄の記録　甲信越編」の解説文や写真キャプションの執筆を担当させていただくことになった。本書では今回「昭和の情景」のモノクロページが設けられたことで、1963年から2023年まで60年にわたる甲信越の私鉄9社12路線を取り上げている。その中には2002年から2015年にかけて特急が最高速度160km/h運転を行った高規格路線の第三セクター・北越急行ほくほく線や、富士山麓電気鉄道富士急行線や長野電鉄長野線のように、現在なお有料特急を運転する会社もあれば、モータリゼーションの進展に打ち勝つことができず、21世紀を待つことなく鉄道事業から撤退した会社や路線も数多い。しかし、紙面に登場する私鉄各社はそれぞれ個性豊かな面々揃いで、鉄道が立地する環境には恵まれていなくても、廃止路線を含め鉄道従業員や沿線住民が、線路を守ろうとする愛着や意気込みが伝わってくる。

　大阪府で生まれ育ち、現在も大阪府に居住する筆者は、どうしても私鉄における趣味・研究の対象は関西の大手会社で、現に近畿日本鉄道と南海電気鉄道、京阪電気鉄道の3社については著書を上梓したり、複数ページにわたる記事を執筆させていただいたりした経験がある。しかし、甲信越地方は、国鉄～JRの取材や撮影で何度か訪れたものの、私鉄となると現地での滞在時間との関係で、残念ながら取材が不十分だった。したがって今回は、パソコンを含む手持ちの諸資料を自室いっぱいに広げながら執筆を行った。パソコンで得た情報は必ず関連の書籍・雑誌等で裏付けを取り、不明点については撮影者の諸河氏と連絡を交わし、助言をいただくことにより、何とか解説文をまとめることができた。

　諸河氏のすばらしい写真に対し、それに見合うだけの解説文を執筆することができたかどうか、その評価は読者諸氏にお任せすることにし、ご指導・ご鞭撻を賜ることができれば幸いである。

2024年水無月　寺本光照

富士山麓電気鉄道富士急行線

　富士山麓電気鉄道（以下富士山麓電鉄）の歴史は詳細を述べれば1900年の馬車鉄道に遡るが、ここでは大月〜富士吉田（現・富士山）間を1067㎜ゲージ・直流1500Vの鉄道として開業した1929年6月から話を進める。その富士山麓電鉄の開業により、東京と富士山付近の観光地との到達時分が大幅に短縮されたことで、5年後の1934年には新宿〜富士吉田間に国鉄客車列車による臨時列車の直通運転が開始される。

　両線とも山岳区間を走る勾配路線で、電化されていたため快適な旅行ができた。戦後の1950年に富士吉田〜河口湖間が開業し、現在の路線が完成する。そして、1956年には国鉄に先駆け高性能電車のモハ3100型を登場させ、車両面でも注目を浴びる。その翌年の1960年5月には会社名を富士急行に改称。敢えて鉄道や電鉄の文字を外したところに、運輸はもちろんのこと、富士急ハイランドをはじめとする観光事業や地域開発、スポーツ事業など幅広い事業を展開する決意が含まれていた。

　そのため、1962年には新宿〜甲府間が電化されているにもかかわらず、距離との関係で電車急行の直通運転がない新宿〜河口湖間には自社で気動車を製造し、中央本線内は国鉄急行に併結で新宿まで乗り入れた。しかし、その後は中央本線全線電化や道路網の発達などで、国鉄（1987年4月からはJR）との直通運転は継続するものの、車両は国鉄（現・JR）の片乗り入れとなるほか、1975年の5000系を最後に自社製の新型車両が見られなくなるなど、鉄道事業の陰りは隠すことができなかった。もっともこれは全国の中小私鉄に共通するもので、その中にあっても富士急行は特急型・通勤型とも高品質な譲受車による運転を展開し、路線を守り抜いている。2022年4月には、富士急行の鉄道部門分割に伴い富士山麓電気鉄道の会社名が62年ぶりに復活。今後の発展を期待したいところである。

富士急行河口湖線　左からモニ102、クハ7063、5000系　河口湖駅　1976.7.25
事故廃車となった3100系第2編成の代替えも兼ね1975年3月に登場した5000系は、事故の教訓を生かした保安設備と、通勤と観光の両面に対応した2か所の両開き扉とクロスシートを採用したレイアウトが評価され、鉄道友の会から1976年のローレル賞を受賞した。写真は河口湖駅留置線で撮影用に展示された記念ヘッドマーク付きの5000系電車。その左に並ぶのは旧国鉄クハ38（のちクハ16 基本番代）のクハ7063と、塗装や正面マスクに富士山麓電鉄開業時に活躍したモハ1型の面影を残す電動荷物車モニ102。

富士急行大月線　大月行き普通　モハ3600型　寿～三つ峠　*1984. 7.23*
鬼百合が群生する寿～三つ峠の急勾配区間を行くモハ3600型2連の大月行き。モハ3600型は創業の初代富士山麓電気
鉄道当時から使用されていた電車を1960年代に車体更新した形式で、写真撮影当時では珍しく両運転台を有していた。
富士急行線は観光路線のため、写真の2両はセミクロスシートだった。

富士急行大月線　河口湖行き普通　モハ5230型　三つ峠～寿　*1983.12.21*
こちらは冬の三つ峠～寿間を行く5200系電車のモハ5233＋クハ5633の2両編成。老朽化した富士急行線生え抜きの
3600系の代替えとして1977年から入線した車両で、旧小田急電鉄1900系。2灯にまとめられた前照灯や正面窓上の尾灯、
貫通路に設置された方向幕に小田急時代の名残が伺える。しかし、この1900系は1984年に同じ元小田急の5700系に置き
換えられたため、富士急行線での活躍期間は短かった。

富士急行大月線　河口湖行き普通　クハ7060型　禾生～田野倉　1976. 1.18
現在では将来的にリニア中央新幹線となる実験線と交差することで有名になった禾生～田野倉間を行く7000系クハ
7060型＋モハ7030型の編成。いずれも1969年に国鉄から譲渡された17m車で、国鉄時代はクハ16 400番代＋クモハ14基
本番代である。富士急行と同じ山梨県内でも身延線用のクモハ14は低屋根の800番代だったが、こちらは元飯田線用の
普通屋根車で横須賀線電車時代の面影を残す。旧型国電の17m車は伊豆箱根鉄道大雄山線でも見られたが、塗装や扉数
によって受ける感じはまったく異なる。

富士急行大月線　河口湖行き普通　モハ3102　三つ峠〜寿　*1984.7.23*

富士山麓電気鉄道（初代）時代の末期に登場した高性能車で、狭軌鉄道では初のWN駆動を採用。モハ3100系の形式は製造の昭和31（1956）年に因む。乗り心地のよい高性能車の開発は私鉄が先行し、当時大手はもとより地方私鉄にも及んでいた。モハ3100型は当時流行の湘南型マスクを持つ20m車で、電動車は2両まとめたMM′方式を採用。そのため55kWの小出力モーターでも沿線の勾配区間を楽々と登ることができた。車両の窓回りを薄緑、その上下を青とし、境目に白いラインを配したスマートな塗装はその後モハ5000まで続く富士急行の標準色となった。

富士急行大月線　河口湖行き普通　モハ3102　三つ峠〜暮地（現・寿）　1976. 1.18
3100系を斜め横から撮影した作品。モハ3100型の客用扉は運転台直後と連結面よりかなり内側の2か所と変則位置になっており、さらに運転台寄り扉付近は80系電車のようにデッキ付きなのが特徴だった。これにより、車両後方の扉を閉め切れば、優等列車や団体列車にも使用することができた。3100系は富士急行の看板電車として2両2本製造されたが、3103＋3104は1971年に小型トラックとの衝突が原因で脱線転覆し車体を大破。それにより86名が死傷する大事故で廃車される。これにより富士急行では以後、4と9の数字は忌み欠番とされた。写真の3102＋3101はその後も活躍を続け1997年に天寿を全うした。

富士急行大月線　大月行き普通　モハ5000型　寿〜三つ峠　1993.10.12
寿〜三つ峠間を行く5000系の編成。3100系同様パンタグラフは奇数車に取り付けられているので、写真手前（後方車）はモハ5002である。富士急行初の冷房車でもある5000系は、115系を2扉化したような外観とセミクロスシートの設備から将来の標準車として期待されたが、他形式と併結できないこともあり、2両1編成だけの製造で終わる。その後の富士急行〜富士山麓電気鉄道（2代）では、自社製車両が登場していないので、5000系が2019年に廃車された現在では、富士山麓電気鉄道（2代）に生え抜きの現役車両は在籍していない。

富士急行大月線　河口湖行き普通　モハ5706　田野倉～禾生　1994.12. 3
建設中のリニア新幹線の橋脚を見ながら桂川橋梁を行く元小田急モハ5706＋モハ5705の河口湖行き普通。写真の編成は小田急では初の特急型高性能電車として1955年に登場したデハ2300型。登場時は湘南型のマスクを持ち、800㎜幅の窓がずらりと並ぶ端正な4両編成だった。その後のSE車の登場もあって特急車としての活躍はわずか4年に終わり、1960年代前半には"小田急顔"の通勤用車に改造されたという薄幸の車両である。写真では塗装以外は小田急時代のままで、側窓に辛うじて特急時代の面影が伺える。

富士急行大月線　河口湖行き普通　モハ5708　三つ峠～寿　1993.10.12
鉄道ファンの間で"小田急2200系"と呼ばれる車両は、同社初期の高性能電車でデハ2200・デハ2220・デハ2300・デハ2320の4形式が該当し、いずれの形式も出力75kWの電動車を2両にまとめたMM'方式が共通している。この2200系は1982年から84年にかけて4形式・16両が富士急行線に入線。富士急ではモハ5700型に統一され、それまで一部を除き旧型車で運転されていた車両をほとんど新性能車に置き換えたことで、スピードアップと保守軽減に貢献を果たした。写真はモハ5708＋モハ5707で、小田急時代のデハ2211＋デハ2212にあたり、正面2枚窓のデハ2200型である。

富士急行大月線　河口湖行き普通　モハ5700型　三つ峠～寿　*1988. 2.28*
雪化粧の三つ峠～寿間を行くモハ5700型４両編成の河口湖行き普通。通勤時間帯や多客期に見られる富士急行線内相互間運転の電車では最長の編成である。先頭車は車体前部のパンタグラフと"小田急顔"、それに側窓の形態から前歴はデハ2220であることが特定できるが、車番は不明。電車の走る三つ峠～寿間は３㎞の駅間の間に約100mの標高差があり、40‰の勾配が連続する。また寿駅は1981年１月に現駅名に改称されるまでは、駅付近の地名である暮地（くれち）を名乗っていた。暮地は墓地に間違えられることが多かったのも駅名改称の理由だったといわれる。

富士急行大月線　河口湖行き普通　モハ1200型　三つ峠〜寿　*2003. 8.22*
1990年代になると、富士急行では看板車両の3100系や車種統一に貢献した5700系が経年に達した。それにより代替車両として京王帝都電鉄の5000系（おもにデハ5100型とクハ5850型）が選ばれ、車両の1067mm台車への履き替えやTcのMc化改造などを実施し、富士急行1000系として1994年から96年にかけて入線する。これにより富士急行では全営業車両の高性能化と冷房化を達成した。しかし、3扉ロングシートの京王5000系をそのままの車内設備で使用すると、観光路線でもある富士急行線からモハ5000型を除きクロスシート車が消滅するため、1000系ではモハ1200型＋モハ1300型（狭義では1200系）の編成をセミクロスシートに改装したのが最大の特徴だった。写真はモハ1206を先頭とする河口湖行き普通電車。なお、1200系は、1998年7月から富士急行線内としては初の有料列車である座席指定制特急「ふじやま」にも使用された。

富士急行大月線　大月行き普通　モハ1300型　寿〜三つ峠　*2009. 11.21*
紅葉した山岳区間を行くモハ1307＋モハ1207の大月行き普通。1000系では3100系以来の"富士急標準色"から脱し、青をベースに窓下に白いラインが入れられ、さらに向かって右側が斜めのストライプ、左側は富士山の模様が入った新塗装に変更された。また、会社のイメージチェンジや観光客誘致策のため、1000系全体では2両9本中、狭義の1000系編成が2本に対し、1200系編成は7本と、クロスシート編成が圧倒的に多かった。屋根上のクーラーもタネ車との関係で、左ページの1206が集中式に対し、この1307は分散式を採用している。

富士急行大月線　河口湖行き快速　モハ1200型　三つ峠〜寿　*2010. 4.19*
富士急行では開業80周年にあたる2009年にモハ1205＋モハ1305の編成を観光列車「富士登山電車」用にリニューアル改造し、座席指定列車として運転を開始する。写真は河口湖行き快速として運転中の姿で、観光電車らしく2扉化し、塗装も開業時のモハ1型に合わせ赤茶系の「さび朱色」としたほか、車内は多様な形の腰掛が配置され、木材を多く使用した"モダンレトロ調"に仕上げられた。これら1000系もJR東日本205系電車を譲受した6000系の転入により、2011年以後廃車が進行しており、この観光電車の去就も注目されている。

富士急行大月線　大月行き特急「富士山ビュー特急」　8500系　寿〜三つ峠　*2017. 2.19*
2016年4月から大月〜河口湖間で運転を開始した富士急行最上位の有料特急「富士山ビュー特急」。2012年3月まで新宿〜沼津間特急「あさぎり」として運転されたJR東海371系電車を譲受し、リニューアル改造した8500系3両編成を使用。富士山（旧・富士吉田）方の①号車は特別車両でドリンクサービスがある。写真は秀麗な富士山をバックに走る8500系「富

士山ビュー特急」で、真っ赤に塗り替えられた車体と周りの針葉樹林、それに冬の青空と富士山との調和が見事だ。しかし、中古とはいえ優秀な有料特急が運転される反面、一般型車両はJR東日本から譲受した205系改造の6000系の増備で特別料金なしで乗車できるクロスシート車は、富士急行線から姿を消してしまった。

富士急行大月線　河口湖行き特急「フジサン特急」　2000系　三つ峠～寿　2010. 4.19
桜の花が咲く富士急行線を行く2000系３連の「フジサン特急」。白い車体に富士山をモチーフしたキャラクターのラッピングを施した正面展望の電車は、国鉄が最末期に165系を改造した「パノラマエクスプレスアルプス」。JR化後は６両編成で富士急行線に乗り入れた実績があり、その縁で2001年に富士急行に譲渡され、2000系となる。そして、翌2002年２月から1200系特急「ふじやま」に替わり、「フジサン特急」として運転を開始した。国鉄時代はTscMs' Msc＋MscMs' Tscのようにパノラマ車が両端になる６両で運転されていたが、富士急行では線内運転のため、TscMs' MscまたはMscMs' Tscの3両で運転された。しかし、老朽化のため2016年までに引退した。

富士急行大月線　河口湖行き特急「フジサン特急」　8000系　寿～三つ峠　2014. 11.27
同じ場所で撮影した作品で、季節は秋の紅葉シーズン真っただ中である。走る電車も河口湖行き特急「フジサン特急」だが、車両は旧小田急から譲受した20000系RSE車を改造した8000系で運転されている。こちらは3両でも先頭車は両端とも流線形で、ハイデッカー車体は昔も今も変わらない。つまり、JR化後に新宿～沼津間を小田急線経由特急「あさぎり」で走ったJR東海371系と小田急RSE車が元の職場を引退したあとは、富士急行線の看板特急として、以前とは別の角度から富士山を眺めながら第2の人生を謳歌しているわけである。

昭和の憧憬①
松本電鉄浅間線、上田丸子電鉄丸子線、真田・傍陽線

　一口に昭和といっても、1926年暮れから1989年初頭にかけての64年に及ぶので、ここでは1960年代半ばの2つの鉄軌道を取り上げる。松本電鉄と上田丸子電鉄は会社名が示すように長野県内の小私鉄で、両社ともこの時代になっても浅間線は全車両、丸子線は一部が木造電車で運転されていた。

　国鉄線に隣接する社線駅と近距離の温泉地や集落を結ぶのが使命で、スピード運転とは無縁だったが、電車には運転士と車掌の2名が乗務しており、無人駅から乗車する利用客には1枚ずつパンチを入れた車内補充の乗車券を発行するなど、乗客と乗務員の間には自然と会話があった。ローカルな鉄軌道故に利用客数は少なかったが、乗客と乗務員はほとんどが顔見知りの仲で、車内全体が家族のようなアットホームの雰囲気に包まれていた。そうした鉄軌道にもモータリゼーションの波が押し寄せ、これらの鉄軌道は1964年から1972年にかけて廃止されるが、その晩年の姿を写真とともに振り返ってみよう。

松本電鉄浅間線は、国鉄松本駅と信州でも有数の温泉として知られる浅間温泉を結んだ5.3kmの軌道線であり、起終点を含め15の駅（停留場）を擁していた。全線が単線だが、起終点と途中3駅の交換設備を活用し、日中も10分ヘッド運転を実施していた。写真は起点の松本駅前駅で発車を待つ木造・ダブルルーフのホデハ1型4号による浅間温泉行き。駅前駅は国鉄松本駅とほぼ直角の位置にあり，対向式の低い2つのホームからは電車が交互に発着していた。

松本電鉄浅間線　ホデハ1型4　浅間温泉行き　松本駅前　1963. 9.21

上田丸子電鉄丸子線　モハ3352　丸子町駅　1968. 9.22

丸子線終点の丸子町駅には1面1線の旅客ホームのほか、留置線や車両基地の丸子電車区が併設されていた。写真は電車区で待機するモハ3350型3352。上田丸子電鉄の車両は別所／丸子／真田・傍陽の3線が健在だった撮影時点で、約40両の在籍電車のうち過半数が他社からの譲渡車で、車歴はもとより形態が複雑なことで鉄道ファンの人気を集めていた。このモハ3350型は少数勢力の自社発注車で、丸子鉄道全通時の1925年に登場した15m級3扉の木造車。古風な飾り窓が特徴だった。

松本電鉄浅間線

　長野県の人口第2位都市松本と同市内の浅間温泉を結んだ延長5.3kmの松本電気鉄道（以下松本電鉄）浅間線は、1924年4月19日に筑摩電気鉄道により全線が開業。1932年12月2日に社名変更により松本電鉄浅間線になる。社名からは郊外電車の感じだが、創業時から軌道線で、1920年代に製造された路面電車タイプの木造車6両で運転されていた。

　浅間線は全線が単線だが、交換駅の設備を活用して続行運転や日中の10分ヘッド運転を実施。浅間温泉への観光客や湯治客、沿線の大学や高校への通学輸送のほか、沿線から松本駅に向かう利用客などへの便宜が図られてきた。しかし、松本の市街地ではさほど広いとは思えない道路の中央部分に軌道が敷設されていることで、道路交通の円滑化に支障をきたすことや、起終点間で路線バスが並走していることもあり、1964年4月1日に全線が廃止された。浅間線のように1960年代になっても全車両が木造車だった鉄軌道は珍しい。

松本電鉄浅間線　浅間温泉駅駅舎　1964. 3.26
全線廃止を数日後に控えた浅間温泉駅。現在のようにお名残乗車のほか、駅や電車の撮影に訪れるファンの姿もなく、ひっそりした感じがただよっていた。浅間温泉駅は温泉街のほぼ中央にあり、電車でのアクセスもよかっただけに廃止は惜しまれた。写真左手の2階建ての建物が浅間温泉駅駅舎。後方は美ヶ原高原。

松本電鉄浅間線　ホデハ1型6　浅間温泉行き　松本駅前駅　1964. 3.26
松本駅前に到着し、浅間温泉行きになるホデハ1型6号とそれを待つ乗客。学校は春休みに入ったころだが、利用客は地元の通勤客のようだ。この松本駅前駅ホームは2面だが、国鉄との乗り換えに便利なホームだけ上屋が設けられていた。後方は国鉄松本駅の駅舎。駅前の土地も国鉄が所有していた。電車は発車後、駅前広場をS字にカーブを切り、松本市街地の併用軌道に進入する。

松本電鉄浅間線　ホデハ1型 12　松本駅前行き　浅間温泉〜中浅間　1963.9.21
浅間温泉を発車した電車は温泉街を抜けると鄙びた田園地帯を走る。田舎風景の専用軌道に路面電車は似合わないが、停留場間の距離は最短で0.2km、最長でも0.6キロと、路面電車そのものだった。ちなみに写真の中浅間〜浅間温泉間は0.5kmである。浅間線の電車はすべてホデハ1型で「ホ」はボギー車の意味。この12号は6両の在籍車のうち最後に製造された車両だが、1929年製にかかわらず木造車体だった。

松本電鉄浅間線　ホデハ1型 2　松本駅前行き　浅間温泉駅　1963.9.21
モダンな三角屋根が特徴の浅間温泉駅で発車を待つ松本駅前行きのホデハ1型2号。浅間温泉のホームは1面だが、留置線と機回し線も敷設されているため、列車増発への対応が可能だった。写真の2号はイベント誘致用のシールを正面と側面に貼っているが、木造車の広告電車は珍しい。また、浅間線ではこの2号と4号の2両がダブルルーフ車だが、屋根が浅くモニター窓もないため、意識しないとシングルルーフ車との見分けがつかない。

松本電鉄浅間線　ホデハ1型 12　学校前行き　松本駅前〜本町　1963. 9.21
松本駅前を発車した電車は駅前広場を過ぎると、併用軌道上をクルマに遠慮するかのようにノロノロと走り、次駅本町に到着する。このホデハ１型12号は、増発用の学校前行きである。松本駅前からは1.4kmの距離だが、区間運転電車が設定されているのは、沿線の大学や高校へ通学する学生や生徒の需要があったからだ。写真にはゼブラ模様の信号機が写っている。

松本電鉄浅間線　ホデハ1型 12　松本駅前行き　学校前〜市民会館町　1963. 9.21
浅間線は松本駅前〜学校前間が併用軌道上を走るが、さほど広くない道路の真ん中に軌道が敷かれているため、クルマが増加した1960年代に入ると、"邪魔者扱い"になるのは目に見えていた。写真は松本駅前行きの続行運転だが、後ろを走る12号は学校前からの折り返しで、先頭を走る８号は浅間温泉発の電車である。

松本電鉄浅間線　ホデハ1型 6　浅間温泉行き　松本駅前〜本町　1964. 3.26
松本駅からさほど遠くない地点の併用軌道上を行くホデハ1型6号。浅間線のホデハ1型全車両は、側窓がハイデッカー車を思わせる高い位置にあるため、普通位置の正面窓とはギャップを感じさせるほか、大きな救助網も特徴で、個性豊かな形態を持つ路面電車だった。車体色は上半がクリーム色がかった薄緑、窓下の部分は濃青だった。

松本電鉄浅間線　ホデハ1型 8　松本駅前行き　学校前駅　1963. 9.21
浅間線の併用軌道区間では、唯一交換設備を持つ学校前停留場に停車する続行運転の松本駅前行き電車。当時の路面電車には併用軌道上であっても、安全地帯を持たない停留場は結構多く、浅間線もその例外ではなかった。なお、浅間線の車両には奇数号車が見当たらないが、これは松本電鉄が上高地線用電車の形式番号下一桁に奇数、浅間線用では偶数を使用していたのが理由である。

松本電鉄浅間線　ホデハ1型 10　松本駅前行き　自動車学校前〜横田　1964. 3.26
美ヶ原の山をバックに勾配を下るホデハ1型10号の松本駅前行き。この写真だけだと路面電車というよりは郊外電車である。しかし、ホデハ1型の車幅は2.4mしかないせいか、国鉄と同じ1067㎜幅の線路も広く感じられる。この風景もあと数日で見納めとなった。松本電鉄浅間線の専用軌道跡は、同社バスの専用道路として整備された。

松本電鉄浅間線　ホデハ1型6　松本駅前行き　下浅間〜運動場前　1964.3.26
3月下旬とはいえ、雪が残る春まだ遠き信濃路を行く浅間線松本駅前行きのホデハ1型6号。ツートンカラーの電車だが、廃線の日が迫っていて、塗装までには手が加えられていないのか、単色のように見える。ホデハ1型はこの6号以降の4両の屋根がシングルルーフで、大きなお椀型ベンチレーターが特徴だった。

松本電鉄浅間線　ホデハ1型10　浅間温泉行き　桜橋〜横田　1964.3.26
浅間温泉行きのホデハ1型10号が横田駅に進入する。路面電車が走る軌道線でありながらも、山岳地の信州を行く浅間線は急勾配と急カーブの連続である。横田は浅間線のほぼ中間に位置し、交換設備と車庫があり、同線の中枢駅だった。なお、浅間線は全線が単線であるため、運転保安装置にタブレットを使用していた。

上田丸子電鉄丸子線

　上田丸子電鉄は、かつて長野県上田市を拠点に３方向５方面への線路を有した地方鉄道だが、上田市内の起点駅は別所線、菅平・鹿沢（のち真田・傍陽）線・丸子線の３線とも別個の場所にあり、架線電圧との関係もあって、使用車両の形式も異なる風変わりな私鉄でもあった。

　丸子線は上田盆地の中心地上田町（1919年５月に市制施行）と製糸業が盛んだった丸子町を結ぶ目的で丸子鉄道が創設され、1918年11月21日に大屋〜丸子町間が丸子鉄道線として蒸気運転で開業。1924年３月には同区間が600Vで電化され、翌1925年８月には上田東〜丸子町間が全通する。丸子からは地域の中心地である上田市はもとより、大屋で国鉄信越本線を経由して上野・長野方面への旅行にも便利だった。また、大屋〜丸子町間の貨物輸送も原料の繭や製品の生糸輸送で繁盛していた。

　太平洋戦争中の1943年10月21日に丸子鉄道は上田電鉄と合併し、上田丸子電鉄丸子線になる。戦後は製糸業の衰退もあって貨物輸送量が低下し、旅客輸送もモータリゼーションの発達で戦前のような賑わいが見られなくなる。そうした中、電鉄大屋〜八日堂間で並走する国鉄信越本線の複線化に際し、用地を提供することになり、1969年４月20日に全線が廃止された。上田丸子電鉄では、1963年11月１日に下之郷〜西丸子間の西丸子線も廃止されているので、丸子町（現・上田市）からは５年半のうちに２つの鉄道路線が姿を消したわけである。

上田丸子電鉄丸子線　モハ4360　ED2211　丸子町駅　*1967.10.30*
丸子町駅に停車中のモハ4360型電車と側線で貨車を連結して待機するED2210型2211。モハ4360型は元東急の古参車デハ3100型で、1952年10月の東急電鉄線の1500Vへの昇圧に際し、その対象とならなかったため、600Vのままで使用できる上田丸子電鉄に転籍した。ED2210型は電気機関車というよりは、電動貨車のようなスタイルが特徴。こちらは坂元工業所で1937年に製造され、当初から丸子鉄道線で使用されている生え抜きの車両である。

上田東駅で発車を待つモハ2340
型単行の丸子町行き電車。上田
東駅は駅名が示すように信越本
線（現・しなの鉄道）上田駅の東
側に位置する独立駅で、旅客ホー
ムは1面1線ながら、2つの上屋
を有しホーム全体を覆っていた。
写真のモハ2340型は元山梨交通
7型で、同社線の廃止により1963
年に丸子線にやってきた。1969
年4月の丸子線廃止後、同車は江
ノ島鎌倉観光（現・江ノ島電鉄）
に転籍して800型として復活す
る。江ノ電の一員として活躍す
る姿を、本書【南関東編】に掲載
している。

上田丸子電鉄丸子線　モハ2340　丸子町行き　上田東駅　*1967.10.30*

上田丸子電鉄丸子線　国鉄ワム級貨車　クハ271　上田東駅　*1967.10.30*
上田東駅を染屋方から撮影した写真。上の写真でもレールが前方で分岐しているように、上田東駅の構内は広く、側線
や留置線があった。おりしも国鉄ワム貨車から酒販業者のトラックに酒瓶が搬出中だった。右手に停車する電車は増
結用のクハ270型。旧伊那鉄道からの買収木造国電を購入し、自社工場で東急クハ3220型の車体を載せ替えて鋼体化し
たという代物である。17m強の車長は丸子線では最長だった。なお、上田丸子電鉄の電車は「千の位」の数字で主電動
機の馬力を示すため、非電動車は3桁（制御車）または2桁（付随車）の数字で形式を表記していた。

上田丸子電鉄丸子線　モハ4360　丸子町行き　上堀～八日堂　*1967.10.31*

20.0‰の勾配区間を行くモハ4360型単行の丸子町行き電車。上田丸子電鉄の沿線は全体としては上田盆地の平坦地形だが、そこは山国の信州のこと、各線とも急勾配区間を抱えている。丸子線の上堀～八日堂間では、丸子線が国鉄信越本線をオーバークロスするため、盛土による築堤の勾配が存在した。八日堂駅を発車した丸子線電車は、電鉄大屋までは信越本線と並走する形で走り、同駅でスイッチバックしたのち、丸子町を目指す。

上田丸子電鉄丸子線　モハ2340　丸子町行き　上長瀬〜丸子鐘紡　1968. 9.22
山村風景の中を走るモハ2340型2両編成の電車。山梨交通時代にはオレンジ色車体にステップ付き、ビューゲル集電、正面窓上の行先幕と、路面電車スタイルだった車両も、「郷に入っては郷に従え」とばかり、ステップと行先幕が撤去され、塗装も上田丸子電鉄標準の上半がクリーム色、下半がブルーに塗り替えられた。そして、正面屋根上に前照灯が付くなど、軽快な郊外電車に変身している。

上田丸子電鉄丸子線　貨物列車ED25 1　電鉄大屋行き　丸子鐘紡〜上丸子　1967.10.31
稲刈りを終えた上田盆地の緩い勾配区間をED25型電気機関車牽引の貨物列車が行く。明治〜昭和初期に製糸業が盛んだった丸子と国鉄線を結ぶ貨物輸送が主目的で、長い編成の貨物列車も運転されたが、晩年は写真のように凸型小型電機が短編成の貨車を牽き、力を持て余していた。こうした実情が丸子線の行く末を暗示しているようだ。なお、ED25型は宇部鉄道が日本鉄道自動車に発注した電機で、戦時中に国鉄が買収。1961年に上田丸子電鉄が払い下げを受けている。

上田丸子電鉄丸子線　モハ3220　上田東行き　丸子町～上長瀬　*1968. 9.22*

「静かな静かな里の秋　お背戸に木の実の落ちる夜は……」の唱歌「里の秋」の歌が聞こえてくるような風景の中をモハ3220型2両編成の上田東行き電車がのんびりと走り去る。写真のモハ3220型は、終戦直後に東急から購入した小型木造車モハ3210型に、気動車改造のサハ20型の車体を載せ替えて鋼体化した車両で、均整がとれたスタイルは好感が持てる。丸子線での日中の電車は単行運転が原則だが、モハ3220型は車長12m未満であるため、輸送力を考慮して2両編成で運転されていた。

上田丸子電鉄真田・傍陽線

上田丸子電鉄真田・傍陽線は、上田温泉電軌北東線として1927年11月20日に上田（後の電鉄上田）〜伊勢山間が開通。そして、1928年には1月10日に伊勢山〜本原間、4月2日に本原〜傍陽間、5月1日に本原〜真田間が相次いで開業し全通を見る。この北東線は当初から地方鉄道規格で建設されたため、電圧は1500Vだった。そして、1939年9月に上田温泉電軌全線が地方鉄道に転換し、上田電鉄（初代）に社名変更されるのに先立ち、同年3月19日に線路名称を菅平・鹿沢線に改称。これは当時の北東線が、高原野菜の出荷や菅平方面へのスキー客で賑わっており、路線のイメージアップ策だったようだ。

しかし、上田市街地を除けば沿線が過疎地であり、戦後は旅客がそのまま菅平方面に直通できるバスへ移行、農作物はトラック輸送が進んだため、1960年4月1日には線路名称を行き先に合わせ真田・傍陽線に改称。その後は地域の生活路線として健闘するも、1972年2月20日に全線が廃止された。

上田丸子電鉄真田・傍陽線　モハニ4250型　電鉄上田駅　*1967.10.30*
電鉄上田駅の留置線で待機するモハニ4250型。上田丸子電鉄真田・傍陽線の起点駅である電鉄上田は、国鉄上田駅の構内にあるため当初は上田を名乗っていたが、1955年8月に国鉄との共同使用を解消して上田丸子電鉄の単独駅となり、駅名も改称された。1面1線のホームを持つ電鉄上田駅は、ホーム後方が留置線を跨いだドーム状の上屋で覆われており、その中に車庫と検修設備を有していた。写真のモハニ4250型は、上田温泉電軌が北東線開業に際し新造した半鋼製車。同社としては最初のボギー車で、正面の緩やかな半流線形3枚窓が特徴だった。

上田丸子電鉄真田・傍陽線　モハ4256　真田行き
伊勢山〜殿城口　1967.10.30
全長約200mに及ぶ神川橋梁を行くモハ4250型4256単行
の真田行き。大きなトラス橋と1両だけの電車が対照
的だ。神川はさほど川幅が広くないが、伊勢山側は伊勢
山トンネルを出た位置が崖になっていることや、神川周
辺の耕作地も橋梁で越えるため、地方の小鉄道としては
建設工事が大掛かりになった。写真のモハ4256は上田
丸子電鉄が1958年に国鉄から購入した車両で、鶴見臨港
鉄道からの買収車である。左ページのモハニ4250型と
は同一番号の形式だが、出自や形態が異なるので、本来
なら別形式を名乗って然りの車両だ。

真田・傍陽線は、開業時は上田〜伊勢山間が北東線の名称で
あったように、上田から北東の菅平方面に向かう路線だっ
た。電鉄上田を出て最初の交換駅でもある川原柳まで、上
田駅から最短距離では1.5kmなのだが、上田城の堀の中や市
街地外周部を進む迂回ルートを辿ったため2.9kmも要した。
写真は川原柳駅に到着する電鉄上田行き単行のモハ4260型
4261で、東武鉄道からの譲渡車。1964年まではモハ5360型
を名乗っていた。
上田丸子電鉄真田・傍陽線　モハ4261　電鉄上田行き
川原柳駅　1967.10.30

上田丸子電鉄真田・傍陽線　モハニ4253＋貨車　電鉄上田行き　横尾〜本原　1967. 3. 7
真田・傍陽線では沿線の高原野菜等を出荷するため、貨物輸送も行われていた。しかし、同線用の電気機関車を売却してしまったことと、トラックの進出で輸送量が減少したため、電車が貨車を牽引する混合列車が運転されていた。写真はモハニ4253＋貨車による電鉄上田行き混合列車。本原で分岐する傍陽線区間での作品で、田圃や築堤の様子からかなりの急勾配であることがわかる。

上田丸子電鉄真田・傍陽線　モハニ4251＋貨車　電鉄上田行き　樋之沢駅　1967. 3. 7
ローカル色豊かな樋之沢駅に進入するモハニ4253が貨車を牽引する電鉄上田行き混合列車。上田丸子電鉄の3路線は、上田市内を起点としながらも駅が3か所に分散し、撮影当時は電圧も3線3様という特異な私鉄で、ハニ形式が在籍するのもこの真田・傍陽線だけである。さらに、真田・傍陽線の樋之沢以北の最急勾配が40‰という山岳路線で、冬には菅平方面へのスキー客の利用も多かった。

上田丸子電鉄真田・傍陽線　モハニ4250型　電鉄上田行き　殿城口〜伊勢山　*1967.10.30*
31ページの神川橋梁を行く電車を伊勢山トンネルの上から撮影したカラー作品。後方に菅平高原の山々が広がる雄大
な風景が展開し、スカ色のモハニ4250型電車もその中に、見事に溶け込んでいる。

上田電鉄別所線

　上田電鉄別所線はその前身が上田温泉電軌で、国鉄信越本線のルートから外れていた上田市の千曲川西岸にある町村や温泉への便宜を図るため、1921年6月17日に青木線三好町（現・城下）～青木間と川西線上田原～信濃別所（現・別所温泉）間を開業させる。線路名称から本線格は青木線だった。1924年3月15日には千曲川橋梁竣工による三好町～上田間開業で、青木線全通とともに国鉄上田駅に乗り入れる。そして、1926年8月に依田窪線（後の西丸子線）下之郷～西丸子間が開通し、上田温泉電軌の軌道線路線網が完成した。

　翌1927年には地方鉄道規格の北東線（のち菅平鹿沢線を経て真田・傍陽線）が開通。同線については軌道線と直接レールがつながっていないため、解説文は30ページに譲らせていただいた。また同年には、青木線と川西線の電車が走る城下～上田原間が複線化され、上田電軌は最盛期を迎える。だが、青木線上田原～青木間は県道の一部を併用軌道で敷設されているほか、路線バスと競合することもあって、1938年7月5日に廃止。せっかくの複線区間も単線に戻され、上田～上田原間は川西線に編入された。そうした中、1939年3月に上田電軌の軌道線が地方鉄道に転換され、川西線が別所線、依田窪線が西丸子線に改称、9月1日には会社名も上田電鉄（初代）に変更された。

　当時、わが国は戦時体制に入っており、1941年12月に開戦した太平洋戦争の激化に伴い、地域内鉄道事業の統合で、1943年10月21日に上田電鉄は丸子鉄道と合併し、上田丸子電鉄丸子線になる。戦後は600Vで開業した別所・丸子・西丸子の3線の架線電圧が750Vに昇圧されたほか、上田丸子電鉄は東急グループの一員となる。

　1960年代になるとモータリゼーションの波が上田盆地にも押し寄せ、鉄道輸送が伸び悩だことで、上田丸子電鉄では業績が芳しくない鉄道線をバス転換する方針が打ち出される。それにより、西丸子線は1961年6月の豪雨被害で全線が不通となったのを機に、そのまま1963年11月に廃止された。さらに1969年4月20日に丸子線が廃止され、5月31日には社名が"バス会社"の上田交通に変更される。そして1972年2月20日には真田・傍陽線も廃止され、鉄道線で残るのは上田～別所温泉間の別所線を残すだけになる。

　別所線については、1971年6月に自動閉塞の導入などの合理化がなされたが、赤字と車両・施設の老朽化は如何ともしがたく、1973年4月に廃止案が出される。しかし、これに対し別所温泉関係者を中心に沿線住民が存続を訴え、欠損補助金を受けることで廃止を免れる。以後、上田交通は別所線の体質改善を積極的に推進し、1986年10月の1500V昇圧を機にモハ5250型「丸窓電車」などの在来車両を一掃。東急電鉄の5000・5200系を導入し、一挙に車両近代化を実現する。別所線では車両が2両5編成あれば運用に事足りるため、その後も1993年に7200系、2008年に1000系が入線する。その間、2005年10月3日に上田交通の鉄道部門分社化で、上田電鉄の会社名が62年ぶりに復活。1000系（一部6000系）は車齢が比較的若いことで、今後も活躍が期待される。

別所線起点の上田駅で発車を待つ別所温泉行き単行電車。一見島式の1面2線構造のホームだが、右側のレールは大入換作業をしない限り別所線に直進できないため、別所線電車はホーム左側の1線だけを使用し、左手の2線を使用して車両入換えが実施されていた。停車中の電車は戸袋窓が丸窓でお馴染みのモハ5250型だが、この写真だけでは正面の形式表示も文字が小さいため特定が困難である。写真右側の信越本線下りホームに停車中の列車は、169系11連の上野発妙高高原・湯田中行き急行「妙高3号・志賀1号」。

上田交通別所線　モハ5250型　別所温泉行き　上田駅　*1979. 8.12*

上田交通別所線　モハ5271　別所温泉行き　上田駅　1984. 5.14
上田駅で発車を待つモハ5270型5271単行の別所温泉行きをホーム下から撮影した写真。旧上田丸子電鉄が上田交通に
社名変更され、鉄道路線も別所線だけとなって久しい当時、日中の電車は単行運転だった。このモハ5270型5271は、上
田交通が長野電鉄のモハ610型612を1981年に購入。車両は1927年に川崎造船で落成した全鋼製車で、屋根が深く見るか
らに頑丈な17m車体は、川崎造船が大正末期から昭和初期にかけて、全国各地の私鉄向けに規格型の車両を製造してい
たことで「川造形」とも呼ばれていた。

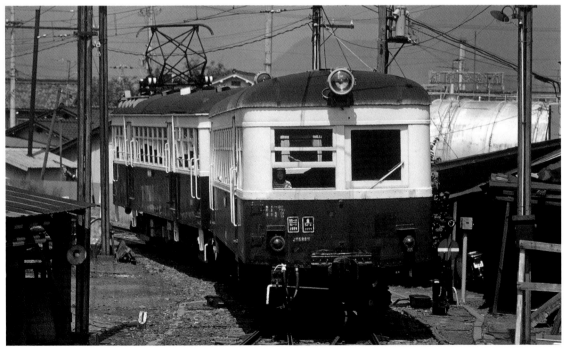

上田交通別所線　クハ252　別所温泉行き　上田～城下　1979. 8.13
上田駅を発車した別所温泉行き行き電車。電車はR120急カーブで勾配を上り千曲川橋梁に差し掛かる。沿線に大学や
高校があり、通学客の利用がある別所線では朝夕の電車は２両で運転される。最後部の車両は元神中鉄道の半流線形気
動車キハ40型で上田丸子電鉄が1956年に譲受し、電車用の制御車クハ250型252として使用した。先頭車は車体形状から
モハ4250型と思われる。

上田交通別所線　モハ5370型　上田原駅　*1976. 8.21*
別所線には1986年10月の1500V昇圧が実施されるまで、上田原に車庫（電車区と工場）が置かれていた。右側の電車は車庫に接続する本線上を行くモハ5370型単行の上田行き。車庫の中央にはパンタグラフを降ろして休むモハ5250型、そして左側には別所線唯一の電気機関車である凸型のED251が待機する。車庫の内部に佇む電車は、色やスタイルから東急デハ3400系のようだ。

上田交通別所線　ED251　上田原電車区
1976. 8.21
27ページでは丸子線で貨物列車を牽く姿が掲載されているED251は、1969年の同線廃止により別所線に転属する。しかし、撮影当時の貨物営業は上田～城下間0.8kmだけに縮小されていたので、城下～上田原間は単機回送での運転だった。

上田丸子電鉄
ED251（静態保存）
丸子工業百年記念公園
1999.12.12
短距離ながら別所線に活躍の場を見つけたED251だが、1984年11月の貨物営業終了により、上田原車庫での入換に使用される。しかし、1986年10月の1500V昇圧に伴いED251を含む全在来車両が廃車となる。廃車後のED251は幸いにも解体を免れ、丸子工業百年記念公園に保存された。

上田交通別所線　モハ5261　上田行き　中塩田～下之郷　*1986. 1.15*
塩田平と呼ばれる中塩田～下之郷間の田園地帯を快走するモハ5260型5261のサイドビュー。形式やスタイルからは「丸
窓電車」のモハ5251型の増備形式といった感じだが、自社製のモハ5250型と異なり、1978年に長野電鉄モハ200型を譲
り受け、当時の空き形式だったモハ5260型を名乗ったため、血統上でのつながりはない。上田交通では前身の上田丸子
電鉄時代から馬力や制御装置、車体長をもとに形式を決定するため、車両の絶対数は少なくても形式番号を覚えるのは
容易ではない。

上田交通別所線　モハ5261　上田原電車区　*1986. 9. 4*
上田原電車区で憩うモハ5260型5261とモハ5250型5251。この写真だけでは一見同一形式の感じだが、形式番号の1000
の位の5は電動機1個当たり80馬力以上、100の位の2は制御装置がカム軸式、10の位の5は車長（m未満四捨五入）が
16m、6は車長（同）17mを示している。ちなみに車長はモハ5250型が14.7m、モハ5260型の長野電鉄モハ200型時代は
16.6mなので、丸窓のモハ5250型はルールではモハ5240型となるはずだ。それはさておき、別所線に5000番台の電動車
形式が多いのは、上田駅の標高が446mに対し別所温泉駅は554mと100m以上も高く、沿線には最大40‰勾配が存在する
ため、強力な電動機が必要だからと思われる。

上田交通別所線　別所温泉行き　八木沢〜別所温泉　*1980. 8.15*
見事な棚田風景が広がる上田交通別所線の終端区間を行くモハ5250型5251＋クハ270型273の別所温泉行き電車。先頭は
戸袋部の楕円窓がチャームポイントになっている「丸窓電車」ことモハ5251。後部は1960年に上田丸子電鉄が相模鉄

道クハ2505を譲り受けて使用しているクハ270型273で、その前身は1936年製の東京横浜電鉄（現・東急電鉄）の流線形気動車キハ１型。車体長17.7mは前身の会社を含め上田交通で最大だった。棚田風景からも見て取れるように勾配区間を電車は別所温泉へと急ぐ。

上田交通別所線　モハ5250　上田行き　別所温泉〜八木沢　1986. 9. 4
別所温泉駅を発車し、40‰の急勾配を下るモハ5250型単行の上田行き電車。一部が黄色く実り始めた棚田や、昭和戦前の姿を残す駅前の家並みと1928年製の古典的スタイルのモハ5250型とが見事にマッチする。写真撮影当時の別所温泉駅は行き止まり式の2面2線のホームを有し、構内には引き上げ線も設置されており、当日はクハ252が留置されていた。現在の別所温泉駅は1面1線で、引き上げ線があった場所には現在モハ5250型5252が保存展示されている。

上田交通別所線　モハ5250　上田行き　別所温泉〜八木沢　*1979. 8.13*
盛夏の田園の中を上田に向かって勾配を下るモハ5250＋クハ250型2連。撮影日は違うが、朝の通勤・通学時間帯を2両で走った電車が、ラッシュアワー終了後は増結用クハ250を別所温泉駅引き上げ線に残し、別所温泉〜上田間を何往復かした後、別所温泉駅でクハ250を再び連結し夕方の混雑時に備えるという運用だろう。クーラーもなければ、貫通路もないといった撮影当時でも前時代的な電車だが、開いた窓からは山国・信州ならではの涼風が入り、乗車していても苦痛ではなかった。

上田交通別所線　モハ5250（静態保存）　別所温泉　*1987. 2.5*

モハ5250型は上田電鉄別所線の前身である上田温泉電軌が1928年にデナ200型として3両を製造。戸袋の楕円形窓のほか、お椀型ベンチレーターや床下のトラス棒に"昭和初期の電車"の面影を、1986年の昇圧で廃止されるまで残していた。ふつう、電車が廃車になれば、解体されるものだが、モハ5250型は「丸窓電車」として別所線沿線だけでなく、全国的にも人気が高いこともあり、5251がさくら国際高校、5252は別所温泉駅、5253は長野計器丸子電子機器工場前と、3両全部が上田市内で静態保存されているという幸運の持ち主である。国鉄（現・JR）では名車の誉れも高く、630両も製造された153系電車が1両とて現存しないのに比べれば対照的である。

上田交通別所線　モハ5370　上田行き
城下～上田　1980. 8.16
上田丸子電鉄時代から同社最長を誇る延長224mの千曲川橋梁を行くモハ5370型単行の上田行き。橋梁を渡り切れば終点上田まではあとわずかだ。この橋梁は5連のトラス橋からなるが、2019年10月13日の令和元年東日本台風で城下側の橋桁部分が崩壊し、2021年3月28日に復旧するまでの間、起点区間の上田～城下間で長期不通が続いた。近年こうした自然災害での被害を機に、廃線となる鉄道路線が少なくない中で、上田電鉄が沿線の熱意もあって営業再開をできたのは幸いだった。

上田交通別所線　モハ5261　別所温泉行き　上田～城下　1986. 1.15

上の写真の千曲川橋梁を渡る電車を城下側から撮影した正面写真。モハ5260型5261の非貫通で正方形の3枚窓とリベットの多い車体は、車両が木製から半鋼製に移る過渡期の1920年代半ば、元号では大正末期から昭和初期にかけての電車の典型的なデザインだが、この車両は1933年製である。

上田交通別所線　モハ5370　別所温泉行き　下之郷〜中塩田　*1976. 8.21*
塩田平の水田地帯を行くモハ5370型の別所温泉行き電車。使用済みレールを利用した華奢な架線柱、薄い道床と木製の枕木、30kgと思われる細いレールなど、別所線が上田電軌川西線として開業した1921年当時の設備のままと思われる線路上を行く。写真のモハ5370型は、木造の買収国電に小田急クハ1650型の車体を載せて鋼体化したせいか、正面は整った顔つきをしている。

上田交通別所線　モハ5003　上田行き　別所温泉～八木沢　*1987. 2. 5*

会社名が上田交通に変更されても、戦前製で出自がバラバラの車両で運転されてきた別所線電車は、1986年10月の1500V昇圧を機に車両の近代化を行うことになり、それまでの車両が一掃される。そして、代替えとして東京急行電鉄から「青ガエル」と呼ばれた5000系2両4本と、その車体外板にステンレスを採用した5200系2両1本を導入。東急初の高性能電車で私鉄史にも残る名車2形式が、10月1日から東急時代と類似形式で別所線での運転を開始する。写真は上田行きのモハ5003＋クハ5053。クハ5050型は東急デハ5000型のTc化改造車で、ともに上田交通では初の18m車である。

上田交通別所線　クハ5051　別所温泉行き　舞田～八木沢　*1989. 5. 29*

こちらはクハ5050型を先頭とする別所温泉行き。ライトグリーン1色だった塗装は薄緑系のアイボリーを基調に緑とオレンジのラインが入ったものに変更されたが、丸みを持った独特の車体断面は東急時代のままである。別所線入線に当たってはこのほか、暖房の強化や客用扉の半自動化も実施された。また、5000・5200系とも先頭車は片運転台構造のため、別所線電車は終日2両編成での運転となる。この5000系は1954年から1959年にかけて製造された高齢車であるため、1993年5月に引退。クハ5051の相棒になるモハ5001は、廃車後登場当時の姿に復元され、東急長津田工場で保存されていたが、その後ボディーカットされ、渋谷駅前を経て現在は秋田県大館市で展示保存されている。

上田電鉄別所線　デハ7253　上田行き　別所温泉駅　*2007. 4.22*
別所線車両の体質改善に大きな功績を残した5000系に替わり、1993年5月28日からは東急電鉄から譲受された7200系2両5本が活躍を開始する。7200系は東急初のオールステンレスカー7000系の改良型で、1967年から翌年にかけての製造。コスト削減のためMT方式を採用したほか、外観的にはダイヤモンドカットと呼ばれる前面形状と、1枚下降窓が特徴だった。先の5000・5200系よりも近代化された7200系は電動車形式も東急同様のデハを名乗り、編成はデハ7250型＋クハ7550型になる。10の位が5とされたのは、新製時のメーカーとの関係だった。この7200系はステンレス車だが、7253と7255の編成は2005年に丸窓電車をイメージしたラッピング電車「まるまどりーむ号」として運転されていた。写真は桜満開の別所温泉駅を発車するデハ7253＋クハ7553。

上田電鉄別所線　クハ7553　別所温泉行き　八木沢〜別所温泉　*2005.10.11*
こちらは別所温泉駅に到着間近のヘッドマーク付き7200系「まるまどりーむ号」。1998年11月からワンマン運転が実施され、運転助士席側の窓上にその表示が付けられている。また、40ページの写真と比べると別所温泉駅は棒線構造の駅となり、クハ252が留置されていた引き上げ線は駅からのレールが剥がされ、「丸窓電車」モハ5252とモハ5251の2両が保存展示されるなど、約20年の月日の流れを感じさせる。新旧の「丸窓電車」のうちモハ5252が置かれている旧引き上げ線はレベルなので、7200系の姿から別所線の勾配がいかに急であるかがよくわかる。

上田電鉄別所線　デハ7255　上田行き　別所温泉～八木沢　*2016. 5.18*
40ページの写真とほぼ同一地点を行く7200系2両編成の上田行き。45ページに掲載したモハ7253編成が廃車された
2014年8月以降、7200系の在籍は2両1本なので、先頭車はデハ7255であることが判る。40ページの写真が撮られてか

ら30年の年月が経過し、別所温泉駅付近の民家はほとんどが建て替えられ、別所線の線路も架線柱が頑丈なコンクリート製のものに取り替えられている。後方に見える車両は40ページでは現役車だが、こちらは保存車のデハ5252。そして勾配を下る電車は同じ「丸窓電車」でも初代と2代目に変遷をみているが、何れも引退間近の姿というのは興味深い。

上田電鉄別所線　クハ1102　別所温泉行き　舞田〜八木沢　2023. 6.13
新しいバラストが見える線路上を行くクハ1102＋デハ1002の別所温泉行き電車。別所線に東急電鉄から1000系が転入してきてからすでに15年が経過した。当初としては中古電車であっても珍しい"平成の電車"で、VVVF制動やボルスタレス台車、ワンハンドルマスコン、シングルアームパンタグラフなど、大都会電車の風を送った1000系も塩田平の風景にすっかり溶け込んでいる。上田電鉄では1000系は一部を除きラッピングを採用しており、このデハ1002の編成は2001年からは「レインドリーム号」として運用されている。

上田電鉄別所線　クハ1102　上田行き　八木沢〜舞田　2014. 2.23
駅建物がエメラルドグリーンに塗られた八木沢駅を発車したクハ1102＋デハ1002の上田行き電車。1000系4本のうち1001と1002の編成は2008年8月から運転を開始するが、撮影当時1002の編成は「自然と友だち」をテーマとし、昆虫や草花を描いたラッピングが窓下に施され、客用扉の色も赤・黄・青色とされていた。

上田電鉄別所線　クハ6101　別所温泉行き　舞田〜八木沢　2015.8.7
塩田平の水田地帯を行く。6000系クハ6101＋デハ6001の編成。元は東急1000系の一員だが、同系8両編成の中間車に正面貫通型タイプ（実際には非貫通）の運転台を設置し、従来の上田電鉄1000系とはイメージが異なるため、形式は真田氏の家紋である「六文銭」から6000系とされた。この6000系は入線当初から、上田市ゆかりの戦国武将真田氏の甲冑「赤備え」に因んだ濃い赤と黒、その境目に金色のラインを引き、さらに真田氏の家紋である「六文銭」を描いたラッピング姿で、2015年3月28日から営業運転をする。その後愛称公募が実施され8月12日に「さなだどりーむ号」と命名された。

上田電鉄別所線　デハ1004　上田行き　城下〜上田　2022.9.19
令和元年東日本大震災の被害から約1年半後の2021年3月28日に復旧工事が竣工した千曲川橋梁上を行くデハ1000系の上田行き電車。電車が走る部分が台風被害に遭った橋桁で、最新の技術を駆使した復旧工事の末、大正年間に建設された「赤い鉄橋」が蘇った。走行する電車は別所線では3代目となる「丸窓電車」のデハ1004＋クハ1104で、丸窓化改造は2015年3月28日で、別所線運転再開当日の一番電車もこの編成が担当した。「赤い鉄橋」と「丸窓電車」は別所線のシンボルでもある。

アルピコ交通上高地線

　長野県松本市と東筑摩郡波多村（現・松本市）島々を結ぶ延長15.7kmの島々線は、筑摩鉄道により1921年10月2日に松本〜新村間が開通。その後波多（現・波田）を経て1922年9月26日に島々に達する。同鉄道は地元の客貨並びに上高地や北アルプスへの観光・登山客輸送を目的に電気鉄道として建設されたため、全通直後の同年10月31日に会社名を筑摩電気鉄道に改称。さらに1932年12月2日には松本電気鉄道（以下松本電鉄）に社名変更された。

　全通から戦後にいたるまで、車両は自社製のほか買収国電や西武・京王帝都から払い下げの木造電車が使用されていたが、1958年に木造車の全鋼製化改造が実施されてからは、1986年の1500V昇圧で東急5000系、1999年に京王3000系、そして2021年には東武20000系を導入して在来車の取り換えを行い、車両のグレードアップに努めている。この間、新島々〜島々間は土砂崩れ災害により1985年1月に廃止された。いっぽう、松本電鉄はバス・タクシーの輸送部門のほか、旅館・ホテル・ゴルフ場など多角的な事業を展開し，1992年に「アルピコグループ」を形成。2011年4月からはグループ内の交通部門統合の一環として、近隣のバス会社と合併した結果、会社名をアルピコ交通に改称し、現在に至る。

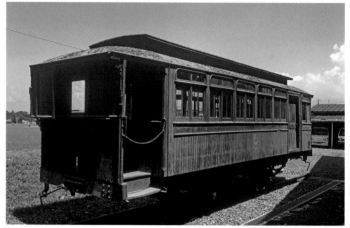

松本電気鉄道上高地線　ハニフ1（静態保存）新村車両所　2000.8.6
松本電鉄は「国電の始祖」ともいわれる1904年製の元甲武鉄道のデハ968を保存していることでも知られていた。鉄道国有化の1906年に国鉄中央線を走っていたデハ968は1915年の廃車後、信濃鉄道（現・JR大糸線）で客車として稼働。その後1922年に筑摩電鉄に譲渡され、荷物室付き座席車ハニフ1として松本〜島々間で木造電車に牽かれ1948年まで使用された。その後は2007年に鉄道博物館入りするまで、新村車庫（車両所）で静態保存されていた。

松本電気鉄道上高地線　クハ10（102）島々行き 新村〜三溝　1977.5.3
田植えも間近の松本盆地を行くクハ10＋モハ10の島々行き電車。撮影当時、松本電鉄の車両はモハ・クハとも形式は10型だが、車両番号は100番代で、モハは奇数、クハは偶数の番号を付けていた。在籍はモハ10が6両に対し、クハ10は写真の102の1両だけだった。クハ102はモハと同一設計のためTc車としては珍しく両運転台を有していた。松本電鉄の電車はすべて2両で運転され、最急勾配も21.4‰のため、このMT編成でもさほど苦にならず走ることができた。

美ヶ原をバックに松本市内平坦区間を行くモハ10重連の島々行き電車。10型電車は1958年から1964年にかけて、それまでの木造電車を日本車輛で改造した車両で、いわゆる「日車鋼体化標準型」と呼ばれる。正面の大きい窓や、17m車体で側面のやや中央に寄った2カ所の客用扉とバス窓などがその特徴で、本書80～91ページで掲載されている新潟交通のモハ11・モハ14・モハ25も同タイプである。一見端正な10型も改造年が異なるほか、タネ車の出自がマチマチなので、主電動機の出力などは車両によって若干異なっていた。

松本電気鉄道上高地線　モハ10
島々行き　西松本〜渚　1977.5.3

松本電気鉄道上高地線　クハ10（102）島々行き　松本駅　1977.5.3
松本駅上高地線ホームの7番線で発車を待つクハ102を先頭とする島々行き電車。社名がアルピコ交通になり、上高地線電車も10200型が主流となった現在も7番線から発車する姿は変わらない。松本駅は国鉄（現・JR）と線路がつながっているため、1965年から69年にかけて梓川水系電源開発工事に伴う資材輸送列車が新島々まで乗り入れたほか、1967年から1973年まで名古屋〜新島々間にキハ58系の臨時急行「こまくさ」が運転されたこともあった。

アルピコ交通上高地線

松本電気鉄道上高地線　クハ10（102）　島々行き　下新〜北新（現／北新・松本大学前）　*1977.5.3*

鯉のぼりや家紋入りのぼり旗が見える五月晴れの田園風景の中を行くクハ10＋モハ10の島々行き電車。窓回りをライトグレー、その上下をオレンジ色とし、窓上の境目に白のラインを施した塗装は風景ともマッチしている。戦後も長い間、茶色の木造車ばかりだった松本電鉄上高地線に、全金属製の10型電車が登場した1960年前後は、"新車"として地元の通勤・通学客はもちろん、遠来の登山客や観光客から絶大な人気を集めた。しかし、当時の大手私鉄高性能電車に遜色がない外見やアルミデコラ張りの車内に対し、足回りは木造車のままなので乗り心地となるとイマイチだった。

アルピコ交通上高地線

松本電気鉄道上高地線　3000型　松本行き　波田〜下島　2000.8.6
上高地線の1500V昇圧以来活躍を続けてきた元東急の名車5000系も、車齢50年前後の老朽化が進み、1999年から2000年にかけて廃車される。そして代替車として京王電鉄井の頭線で活躍した3000系中間電動車を8両譲受し、同社デハ3100型・デハ3050型を先頭車改造。デハ3050型はさらに制御車化してモハ3000（奇数）＋クハ3000（偶数）の4両2本に再編している。写真はリンゴ畑に沿って走るクハ3002＋モハ3001の松本行き。

松本電気鉄道上高地線　3000型　新島々行き　新島々駅　2000.8.6
京王電鉄3000系は東急5000系同様18m車であることで、急カーブの多い路線での使い勝手がよく、引退後も地方私鉄での活躍が多く見られる。松本電鉄の3000系は中間車からの改造だが、正面スタイルは京王3000系の更新改造車同様パノラマ窓が採用され、窓下の行先幕は省略されているので、湘南型独特の鼻筋も際立っている。この3000系登場で松本電鉄では冷房化と界磁チョッパ制御化が完成する。塗色は白をベースにアルピコグループのシンボルカラーが正面と側面に入れられ、正面には、さらに同グループ交通部門の統一愛称「Highland Express」のロゴが付けられている。写真は終点新島々到着直後の3001編成と駅で待機中の3003編成。

松本電気鉄道上高地線　5000型　新村行き臨時電車　　下新〜北新（現／北新・松本大学前）　2000.8.6
松本電鉄の体質改善に大きな貢献を果たした10型は、1986年12月20日の上高地線1500V昇圧を機に引退。同日からは東急電鉄から譲受したデハ5000型8両をMT編成のモハ5000・5両、クハ5000・3両に再編して使用。モハ5000が2両多いのは、モハ5007とモハ5009は連結面にも切妻型の運転台を設けており、実際は背中合わせの2両編成で使用された。この5000型登場で松本電鉄では電車の高性能化に加えワンマン化が完成し、同時に列車無線の使用も開始された。入線にあたりライトグリーン1色だった塗装を、アイボリーを基調に赤と青のラインを入れた明るいものに変更された。写真は両運転台のモハ5007＋モハ5009による編成。

アルピコ交通上高地線　3000型　新島々行き　波田〜淵東　*2019.11.15*
2017年7月に開催された「信州デスティネーションキャンペーン」と沿線の活性化を目的に、同年6月3日から10型リバイバルカラーに変更された3000型モハ3003＋クハ3004編成が晩秋の田園を行く。この編成は2021年8月14日の豪雨により、西松本駅下り方に位置する田川橋梁の橋脚破損の際、松本駅に停車中だったため転落の事故は免れたものの、2022年6月10日の復旧まで同駅に閉じ込められるという別の災難に遭った。

アルピコ交通上高地線　3000型　新島々行き　波田〜淵東　*2019.12.1*
上の写真と同じ波田〜淵東間を行くモハ3007＋クハ3008編成。車両からは古さを感じさせない3000型だが、現車は1964〜71年の製造で50年前後の経年だ。そのため、2021年度になると東武鉄道から譲受した同社20000系中間車改造の20100型モハ20100（奇数）＋クハ20100（偶数）への置き換えが実施される。20100型は2024年5月現在、すでに3編成が上高地線で就役しており、写真のモハ3007＋クハ3008の編成はモハ3001＋クハ3002とともに2024年3月までに除籍されている。3000型全車がアルピコ交通から姿を消すのも、そう遠くない。

松本電気鉄道上高地線　5000型・ED30 1・3000型　新村車両所　2000.8.6
真夏の新村車両所に憩う松本電鉄上高地線の車両群。写真左側からクハ5000（5006）、ED30型301、モハ5000（5009）、クハ3000（3006）。上高地線の電車が5000型から3000型に替わる途上での撮影で、モハ5009＋モハ5007の編成は8月10日のさよなら運転に備え、関連のヘッドマークを付けていた。

撮影当時、松本電鉄の運転拠点である新村駅には筑摩鉄道開業時の駅舎が健在で、正面車寄せ部分と屋根上の鬼瓦には「チ」の文字を車輪状に9つ並べた筑摩電鉄の社紋が付けられていた。社紋の左右の“稲光”は電気鉄道に因んでいるのだろう。
松本電気鉄道上高地線　新村駅本屋　2000.8.6

松本電気鉄道上高地線　ED30　新村車両所　1977.5.3
松本電鉄の貨物輸送は1973年に廃止されたが、工事列車用や除雪、車庫での入換用にED30型電気機関車が残されていた。凸型の車両形状で、片側に寄せられたボンネット状の機械室の側道部分に乗務員扉が付けられていた。1977年撮影時の塗装はバラ色だった。

松本電気鉄道上高地線　ED30　新村車両所　2000.8.6
国鉄風のED301の番号を付けたED30型。やはり古典的な凸型機には茶色系の塗装が似合う。この電機は信濃鉄道（現・JR大糸線）用として1926年に米国のウエスチングハウス・ボールドウィン社で製造され、その後同鉄道の国鉄買収でED22型となるが、国鉄で廃車後は各地を転々とし、1955年に会社こそ異なるものの故郷松本に戻りED30型となった経歴の持ち主である。2005年9月に除籍されるが、現在も静態保存されている。

長野電鉄

　長野県都を中心に信州北部に鉄道網を有する長野電鉄は、1925年7月に屋代～木島間が全通した河東鉄道が前身で、同区間は翌年1月に直流1500Vでの電化が完成。一方、須坂で分岐して県都にいたる路線は、長野電気鉄道として創設。千曲川に道路と併用の村山橋架橋により1926年6月に須坂～権堂間が開業する。そして両社は同年9月に合併し、社名も長野電鉄に改称する。新発足した長野電鉄は1927年4月に信州中野～湯田中間の平隠線（同年8月に山ノ内線に改称）、1928年6月24日には長野線権堂～長野間を開業させ、ここに全長70.6kmの路線網が完成する。こうした長野市を中心に鉄道基盤が確立した長野電鉄は地域輸送のほか、沿線の志賀高原の開発を進め、1930年代には国鉄客車の湯田中乗り入れを実施するなど観光輸送にも力を注ぐ。

　そして、戦後の1957年に初の高性能クロスシート車2000系を新製し、長野～湯田中間に有料特急を新設するほか、1962年には上野～湯田中間を屋代経由で結ぶ気動車急行を運転。翌年からは電車化され、直通客から好評を博した。その一方、通勤・通学客対策として1966年に大手私鉄顔負けの20m4扉車OSカー0系を登場させ、FRP製の正面マスクとともに鉄道界をあっと言わせた。この頃が長野電鉄の最盛期で、以後は全国的なモータリゼーション進展で長野電鉄は利用が伸び悩む。

　同社では2000系やOSカーのスター車両以外は旧型車で占められており、車両の近代化が課題となっていた。そこで、1981年の長野～善光寺下間地下線化を契機に、大半の旧型車が東急から譲受の2500・2600系高性能車に取り替えられる。これにより長野電鉄では、以後の特急車を含む電車の新形式への更新は、大手私鉄やJR東日本からの譲渡車で賄われた。さらに合理化対策として列車のワンマン化のほか、利用客が減少した河東線信州中野～木島間と屋代線屋代～須坂間が廃止される。現在の長野電鉄路線は2002年に長野線に再編された長野～湯田中間33.2kmだけが残り、通勤・通学輸送を主体とする鉄道の色彩が濃くなっている。

長野電鉄山ノ内線で、起終点の信州中野と湯田中を除けば唯一の交換可能駅となる信濃竹原ですれ違う2000系湯田中行き特急と、ED5101牽引の屋代行き貨物列車。塗装の違いはあるが、国鉄の80系湘南型電車とEF58型電気機関車を見ている感じで、「昭和の佳き時代」を思わせる一齣である。志賀高原も近いこの信濃竹原駅の標高は473m。2000系特急は3.9km先にある標高600m近くの湯田中駅まで約6分かけて最急40‰の勾配を登っていく。

長野電鉄山ノ内線　2000系湯田中行き特急　ED5101牽引貨物列車屋代行き
信濃竹原駅　1977.10.22

長野電鉄河東線　クハ451　屋代行き　金井山〜松代　*1976. 8.21*
のどかな野菜畑と里山風景が展開する河東線（通称屋代線区間）を行く、クハ451＋モハ401・2連の屋代行き。トラス棒やお椀型ベンチレータがみえる古風な電車は、1948年に東武鉄道から転入した1926年製車両で、性能との関係もあって半固定の2両編成で運転されていた。河東線屋代〜須坂間は169系の上野直通急行「志賀」2往復が入る幹線路線的使命を持つが、実態はローカル線で普通電車は屋代〜須坂間の区間運転だった。

長野電鉄河東線　モハ401　須坂行き　岩野駅　*1976. 8.21*
長野電鉄では最も古い駅の1つである岩野駅に停車中のモハ401＋クハ451・2連の須坂行き。写真の岩野駅は1922年6月に河東鉄道の駅として開業。1972年2月に無人化されてからさほど時が経過していない時期なので、駅舎も開業当時のままで残り、モハ401とのツーショット写真は大正時代にタイムスリップしたような雰囲気だった。この岩野駅は2012年4月の屋代線廃止と運命をともにするが、晩年は現在流行りの簡易駅舎に建て替えられていた。

長野電鉄河東線　モハ1502　長野行き　桜沢～都住　*1977.10.22*
河東線時代の桜沢～都住間を行く通称1500系のモハ1500型1502＋モハ1500型1501＋クハ1550型1551・3連。1500系は
同スタイルの1000系と同様、戦後に新製された運輸省規格型電車で、山ノ内線直通に備え、抑速発電ブレーキを搭載し
ていることで1000系と形式が区別されていた。モハ・クハとも両運転台方式で、通常はモハ1500（1000）＋モハ1500（1000）
＋クハ1550（1050）で編成を組むため、連結側の運転台は貫通型に改造していることや、中間のモハはパンタグラフを降
ろして走行するのが特徴だった。この1500・1000系は2000系特急車が登場するまでは長野電鉄の花形的存在だった。

長野電鉄河東線　モハ1501　屋代行き　岩野～雨宮　*1982.10.20*
長野電鉄では1981年の長野口地下線化で、「A基準」から外れた旧型車は廃車の道をたどるが、モハ1000型・モハ1500型各2両とクハ1550型1両の5両は、屋代～須坂、信州中野～木島間の区間運転で使用するためそのまま残された。写真は河東線を単行運転中のモハ1501だが、1か月後に上野～湯田中直通急行の廃止が決定している線路を単行で走る姿はわびしい。1960年代の鉄道雑誌に「地方私鉄で最後まで残るのは、国鉄と直通運転を行っている会社路線」と書かれていた記事を読んだことがあるが、半世紀後にはそうした理論は通じなくなる。それほどに地方私鉄の立ち位置は厳しい。

河東線（木島線）内を行くモハ200型201ほか2連の長野行き。モハ201は1933年に登場した半鋼製車だが、運転室扉がない非貫通の両運転台で、同年代製の車両としては"老け顔"である。この車両が1970年代後半になっても地平時代の長野駅に出入りしていたのは、一般型電車の近代化が進まない地方私鉄の苦労を象徴していた。モハ201は長野駅地下移転を前にした1978年に廃車されるが、幸運にも上田交通に売却され、モハ5260型として別所線で1500V昇圧の1986年まで活躍。その雄姿は本書37ページと42ページにも掲載している。なお、河東線信州中野～木島間は1960年代までは野沢温泉への観光客やスキー客で賑わったが、以後はモータリゼーション進展で旅客数が激減し、2002年4月1日に廃止された。

長野電鉄河東（木島）線　モハ201　長野行き　赤岩～四ヶ郷　*1977.10.22*

長野電鉄長野線　モハ2507　長野行き　錦町駅（現・市役所前駅）　*1978. 10.14*
1975年4月当時、長野電鉄には23形式48両の電車が在籍していた。しかし、1980年度内をめどに長野電鉄長野〜善光寺下間を地下化されることになり、通過車両は運輸省（現・国土交通省）通達の「電車の火災事故対策基準」（A基準）に適合することが求められ、在来の旧型車は大半が引退。それに替わり1977年2月から1985年までに東急5000系29両が譲渡され、長野電鉄では2両編成10本が2500系、3両編成3本が2600系とされた。写真は開業当時の駅舎を持つ錦町駅を発車するモハ2507＋クハ2557の普通長野行き。この錦町駅は地下鉄道化により、1981年3月1日に地下駅になるとともに市役所前に改称された。

長野電鉄河東（木島）線　モハ2501　木島行き　田上駅　*1982.10.20*
長野線長野口の地下化を機に、長野電鉄では在籍車の大半が高性能化される。長野電鉄が10系OSカー2両の新製を除き東急5000系を譲受したのは予算との関りもあるが、当時の輸送実態にマッチした18mの3扉車で、30両に及ぶ旧型車を置き換えるのに都合がよく、導入には会社側の強い希望があったのが理由だった。東急5000系の長野電鉄入線に際しては塗装が"赤がえる"と呼ばれるツートンカラーに塗り替えられるほか、耐寒工事も施された。さらに正面助士席下方には押込み型のタイフォンが取り付けられ、これは長電の名物となった。写真は無人の河東線（通称木島線）田上駅を発車するモハ2501＋クハ2551の普通木島行き。

長野電鉄山ノ内線　モハ1101　湯田中行き　夜間瀬～上条　*1977.10.22*
モハ1100型1101を先頭とするスマート感漂う3両編成は通称1100系とも言われ、1961年に買収国電払い下げ木造車の鋼体化名義で登場した18m車体を持つ2扉ロングシート車である。ただし、在来車からの流用は主電動機など電気部品だけで、車体は日本車輌で新製、台車は他社から購入の中古品が使用された。登場当初はマルーン1色だった。全金属製車体のため2000系特急車と見まちがう地元客が多かったことで、1966年に登場した0系OSカーが2段方向幕を採用したとも言われている。1100系は0系OSカー登場後にツートンカラーに塗り替えられたが、外観とは裏腹に性能的には旧型車のため、地下線乗り入れ対象車リストから外され1979年に廃車された。しかし、モハ1101とクハ1151は豊橋鉄道、モハ1102は伊予鉄道に引き取られ1990年代まで活躍を続けた。

長野電鉄山ノ内線　クハ2552　湯田中行き　信濃竹原～夜間瀬　*1977.10.22*
腕木式信号機が残る信濃竹原駅構内を出て、湯田中に向かうクハ2552＋モハ2502の編成。都会育ちの東急5000系にとって、晩年をタブレット閉塞の地方鉄道で過ごすとは夢にも思わなかったことだろう。しかし、使い勝手のよい5000系は中古車としてひっぱりだこで、本書でも上田交通と松本電鉄ページにも顔を出し、地域に合ったカラフルな塗装で1998年まで活躍を続けた。特に長野電鉄では譲渡先としては最多数の29両が在籍し、唯一の3両編成も見られたことで、地域に対する貢献度も高い。なお、2500系と2600系は稼働時期や運用区間との関係もあり、ワンマン化改造はされなかった。

長野電鉄河東線　2000系・モハ2002　湯田中行き特急　桜沢〜延徳　1983. 1.21

県都長野から湯田中温泉や志賀高原へ向かう温泉・観光客用に、1957年3月15日から有料特急用電車として運転を開始したのが2000系。モハ2000＋サハ2050＋モハ2000の3両編成の高性能車で、正面は当時流行だった湘南型の2枚窓で、側面は扉間の客用窓を2つずつまとめるなど、レイアウトは同時期に同じ日本車輌で製造された名古屋鉄道5000系や

5200系とよく似ていた。また、座席指定料金を徴収することもあった。正面窓は曲面ガラスとしたほか、当時としては珍しく回転クロスシートを装備していた。落成当時の塗装はマルーンを基調に窓下の細い白のラインが巻かれていたが、1966年のOSカー登場後は写真のように窓回りクリーム色、その上下は赤に変更された。写真は「高井富士」と呼ばれる高社山（こうしゃさん）を遠望して雪の田園を行く2000系A編成の湯田中行き特急。

長野電鉄河東線　2000系・モハ2008　長野行き特急　桜沢〜都住　*1990. 8. 2*
長野電鉄の特急用2000系は1957年2月から1964年8月まで、3次にわたり3両4編成が製造され、落成順にA 〜 Dの編成番号が付けられた。写真は最後に登場したD編成で、2000系では唯一スカート付きで空気バネ台車を履いて登場したのが特徴。また、A 〜 C編成とは異なり、窓回りをクリーム色とし、窓下と屋根部分をマルーンとした新塗装を採用した。OSカー登場後は窓回りクリーム色、その上下を赤、そして1989年の冷房化改造後は写真のようにクリーム地に窓回り赤を基本にしたものに変更された。なお、2000系D編成は長野電鉄車としては最も早く冷房改造された車両でもあった。

長野電鉄長野線　2000系・モハ2003　須坂行き　長野〜錦町（現・市役所前）　*1978. 10.14*
地下化される前の長野〜錦町（現・市役所前）を行く2000系B編成。2000系は本務の有料特急の間合いに普通として運転される場合もあるので、特急以外の利用客に乗車を促す必要上、可変式の円形特急マークを「各駅停車・須坂」に変えている。運転助士席後方窓部分に保護棒が付けられているのは、撮影当時信州中野〜湯田中〜木島間でタブレットを使用していたための名残である。線路の後方に見えるのは長野電鉄の長野駅で、同駅を含む一帯は現在では線路地下化で市街幹線道路の「長野大通り」になっている。

真っ赤に実ったリンゴ畑を行く2000系A編成の普通湯田中行き。マルーンに白線の外部色は2007年2月に、登場時のものに戻した復刻塗装である。編成は違うが、落成時の姿を残している左ページ下のB編成と比べると、前照灯のシールドビーム化や保護棒の撤去のほか、運転助士席部分にはワンマン運転用の表示やバックミラー、それに内蔵の列車種別・行き先表示など、省力化改造が実施されているのがよくわかる。このA編成は1999年に台車を営団地下鉄3000系が使用していたミンデン式空気バネ台車に振り替えられた。

長野電鉄長野線　2000系・モハ2001　湯田中行き　夜間瀬〜上条　*2009.10.30*

長野電鉄長野線　2000系・モハ2002　特急長野行き　夜間瀬〜信濃竹原　*2009.10.30*
鉄道ファンの間では昔から撮影地として知られている夜間瀬川橋梁を行く復刻塗装の2000系A編成。21世紀になってから、JRを含む鉄道会社では、引退が間近になっている車両の塗装を往時の姿に復刻して運転する例が少なからず見られるのは、鉄道会社は車両の新製時には、そのスタイルに最も適した塗装を選ぶからだろう。この2000系の姿を見て、長野鉄道特急が観光客やスキー客で賑わった頃を思い出している読者も多いことと思われる。現在運転路線が縮小されている長野電鉄で特急運転は今後も続くことは間違いないが、1957年の登場から2012年の運用離脱まで特急の地位を守り抜いた2000系が、長野電鉄最高の名車であることは異論がないところだろう。

長野電鉄河東(木島線)　OS 2　モハ2　長野行き　田上〜柳沢　*1982.10.20*
今や半世紀以上も前になった1966年 2 月、2000系特急車以外は地味な車両ばかりだった長野電鉄に、突如として現れた赤とクリーム色のツートンカラーで、国鉄や大手私鉄並みの20m 4 扉車がOSカーこと 0 系電車。OSカーとはOfficemen & Students Carを指し、「通勤・通学電車」の意味だった。このOSカーは落成直後から鉄道ファンの間では、誰一人として知らない者はいないほどの話題をさらった。写真は信濃川沿いの河東線(木島線)を行くOSカー第 2 編成のモハ 2 ＋クハ52。地域の風景とともにOSカーの斬新さは今もって色あせることはない。

長野電鉄河東線　OS11　モハ11　長野行き　延徳〜桜沢　*1982.10.21*
長野電鉄沿線に都会の息吹を伝えた 0 系OSカーは、当初は 5 編成ほど製造される予定だったが、第 2 編成が登場した1966年11月以後はモータリゼーション進展で利用客が減少したことで製造が中止された。そうした中、1980年度内をめどに長野電鉄長野〜本郷間を地下化することになり、在来車は同区間を通過可能な2000系や 0 系などのA基準適合車に限定され、予算との関係で東急5000系が大量譲受されるが、それでも地下線開業時には車両数が足りず、1980年12月に10系新OSカーが新製される。 0 系登場時からは15年近くも経過し、沿線を取り巻く環境も変わっているため、10系は 0 系の改良増備車としての位置づけではなかった。そのため20m車であるものの、正面は非貫通鋼製の折妻 3 枚窓で種別・行き先表示も 1 段式、側面も 3 扉で 0 系とは同じOSカーでも全く異なった車両だった。10系は 2 両 1 編成だけの製造で終了したため、結果的に長野電鉄としては最後の新製車となった。

長野電鉄河東線　OS 2　モハ2　長野行き　延徳〜桜沢　*1982.10.21*
河東線を行くOSカー第2編成・モハ2＋クハ52。0系の正面は貫通路部分を除き、FRPを前面に採用しているのが特色で、それにより通勤車では類例を見ない屋根部分の庇や2段方向幕、それに前照灯と尾灯を窓上に配置することができた。貫通路の2は車両番号、助士席下のOS 2はOSカーの第2編成を示す。長野電鉄ではふつう3・4桁の形式番号を採用するが、同社の木造車消滅で空番となっている1桁を採用したのも異例だった。この第2編成の登場で、0系は貫通路を使用した4両での運転が可能になり、最混雑区間の長野〜須坂間での通勤輸送に貢献を果たした。

長野電鉄長野線　OS 1　モハ 1　長野行き　村山〜柳原　*1982.10.21*
０系OSカーはその斬新なスタイルや、狭軌としては最大出力のモーターで最急40‰勾配をMT編成で通過できる性能と
経済性が評価され、鉄道友の会から1967年のローレル賞を獲得した。この０系はブルーリボン賞部門でも近鉄18200系
特急車に次ぐ第２位の得票を僅差で獲得しており、ローレル賞を通勤車両に限定しない現在の投票基準ならブルーリボ

ン賞獲得は確実だった。写真は千曲川を道路併用の村山橋で渡るOSカー第1編成・モハ1＋クハ51。0系は2500系入線後に4両運転が消滅したことで、登場時の密着連結器は長野電鉄標準の小型密着自動連結器に交換されている。なお、村山橋は2009年に上下2車線ずつの2つの橋梁に付け替えられ、長野線は須坂方面行きの道路橋に併設となっている。

長野電鉄長野線　1000系　特急長野行き　上条〜夜間瀬　*2007.11.14*

長野電鉄長野線　1000系　特急湯田中行き　夜間瀬〜上条　*2007.11.14*

夜間瀬〜上条間のリンゴ畑を行く1000系特急湯田中行き。客室先頭部分に乗客の姿が見えるが、山間部を行く旧山ノ内線区間での前面展望は抜群である。1000系は小田急特急時代から正面の列車名表示器は省略されていたが、長野電鉄でもそのままにされており、行き先案内は先頭車客用扉前方の表示器での確認となる。また、運転室は先頭車2階部分にありワンマン化は構造上不可能なため、1000系は特急のみの運用で、間合いで普通に使用されることはない。

長野電鉄で1957年以来有料特急用として活躍を続けてきた2000系電車は、1989年から1990年にかけて冷房改造が実施されるなどサービスアップが実施されたが、21世紀になると経年から老朽化が目立ってきた。そのため、小田急電鉄から10000型HiSE車を譲受し、11両2本を4両2本の1000系に組成変更のうえ、2006年12月9日から公募決定した車両名の「ゆけむり」を命名して長野〜湯田中間での運転を開始する。写真は1000系「ゆけむり」を真横に近い角度で撮影した作品。小田急時代はややマルーンがかった窓下の帯が窓回りや裾部と同じ赤に変更されているが、シャープなスタイルは健在だ。

長野電鉄長野線　1000系　特急湯田中行き　信濃竹原〜夜間瀬　2019. 8.23
1000系は小田急10000型HiSE車として1987年に製造され、正面展望席以外の一般席もハイデッカーとし、沿線の展望を楽しるのがウリで、HiSEの「Hi」はハイデッカーとハイグレードを意味している。こうした車両設備が評価され、1988年のブルーリボン賞に輝いている。こうした優秀車両も、更新期を迎えた2000年代前半にはバリアフリー対策での改造に多大な費用が掛かることもあり、長野電鉄に譲渡された4両2本以外は廃車されている。一方長野電鉄1000系となった編成は展望室の一部をバリアフリー席に充てることで、この問題を解決。小田急時代よりも長野電鉄で走る年月の方が長くなる日が到来するのも間近。

長野電鉄長野線　3500系・モハ3522＋モハ3532　湯田中行き　夜間瀬～上条　*2007.11.14*
色づくリンゴ畑の中を高井富士をバックに急カーブ・急勾配の旧山ノ内線区間を行く3500系モハ3522＋モハ3532・2連。
3500系は老朽化した2500系に替わるべく同じ18m車体・3扉車の営団地下鉄3000系を譲受。1993年から1997年にかけて
長野電鉄線に入線し、2両編成は3500系、3両編成には3600系形式が付けられ、総勢37両の勢力を形成した。長野電鉄
ではこの3500系登場以来ワンマン運転が推進された。写真の02編成は冷房化対象から外されたこともあり、2019年に廃
車された。

長野電鉄長野線　3500系　須坂行き　村山～日野　*2007.11.14*

長野電鉄の旧来から
の長野線区間を行く赤
帯を巻いた3500系モハ
3508＋モハ3518・2連。
同社線のうち長野～須
坂間は長野～朝陽間が
複線区間であるように
もっとも利用客が多く、
写真のような区間運転
電車も運転される。同じ
長野県内の私鉄にあっ
て長野電鉄は上田交通
や松本電鉄にくらべ、車
両保有数や譲受形式と
の関係で一般型車両の
冷房化が遅れていたが、
2001年から冷房改造が
実施され、このN8編成
の屋根上にはクーラー
が取り付けられている。
3500・3600系は冷房改
造車を主体に2023年ま
で在籍した。

長野電鉄長野線　3000系デハ3011＋モハ3001＋クハ3051　長野行き　桜沢〜都住　*2021.11.17*
2005年から2009年にかけて長野電鉄に入線した8500系電車は東急時代には1976年ローレル賞を富士急行5000系とともに獲得したほどの優秀車だが、ブレーキ性能との関係で旧山ノ内線区間の普通電車は3500系に頼らなければならなかった。しかし、3500・3600系も老朽化が進行してきたことで、東京メトロ日比谷線の03系を譲受。長野電鉄3000系として同社創立100周年にあたる2020年5月30日に営業運転を開始する。3000系は冷房付きでVVVFインバータ制御の高性能車。それに抑速ブレーキも搭載しているので長野線全線を走行できるほか、会社としても使い勝手がよい18mの3扉車なので、今後も活躍が期待される。なお、長野電鉄では8500系登場の2005年からは形式をMc車デハ、M車モハに変更しているので、3000系はデハとモハが並立する全国でも珍しいケースとなった。

長野電鉄長野線　8500系　長野行き　桜沢〜都住　*2007.11.14*
一時は長野電鉄の一般車形式を独占した3500・3600系も、21世紀を迎える頃になると陳腐化が目立ってきたため、冷房化改造の対象とならなかった車両を主体に廃車されることになり、その代替えとして東急電鉄の界磁チョッパ制御車8500系3両編成6本が2005年から2009年にかけて入線する。製造当初からの通勤冷房車が長野電鉄に登場するのは初めてで、20mの4扉車は0系OSカーが廃車されて以来9年ぶりだった。8500系は抑速ブレーキを装備しないため運用区間が長野〜信州中野間に制限されるが、3両編成で3500系4両の収容力を有するため、混雑時の輸送に貢献している。

長野電鉄山ノ内線　国鉄169系3連　4308M 上り急行「志賀1号」上野行き　上条〜夜間瀬　*1977.10.22*
沿線に観光地の多い長野電鉄へは戦前から国鉄列車が乗り入れており、戦後は1962年3月1日から気動車急行「志賀」「丸池」計2往復が上野〜湯田中間を屋代・須坂経由で直通運転を再開。翌1963年10月1日から165系（のち169系に変更）電車急行「志賀」2往復での運転となり、1982年11月15日改正で廃止されるまで続けられた。165・169系は66.7‰の信越本線碓氷峠は補機のEF63型のアシストがあるが、山ノ内線の40‰勾配は自力運転のため厳しい行路だった。

長野電鉄長野線　2100系　特急長野行き　夜間瀬〜信濃竹原　*2015.8.6*

老朽化した2000系に替わる特急として、1000系「ゆけむり」に続き2011年2月26日からJR日本253系電車を譲受・改造した2100系「スノーモンキー」が運転を開始する。JRで「成田エクスプレス」使用時に比べ、連結器が小型密着自動式に取り替えられたほか、正面の会社名と車両名のロゴが「JRとN' ex」から「NERとSNOW MOMKEY」に変更されているが、全体としてはJR時代の姿をとどめている。現在の長野電鉄特急車はJR化直後にブルーリボン賞とローレル賞を受賞した名車・2形式の活躍の場でもある。

長野電鉄河東線　ED5101　屋代行き貨物列車　岩野〜雨宮　*1976.8.21*
長野電鉄は屋代で国鉄信越本線とレールがつながっていることもあり、上野〜湯田中間直通急行のほか、屋代で組成変更した貨物列車も1979年3月末まで運転されていた。写真は長野電鉄が1969年に廃止された北海道の定山渓鉄道から同年に譲受したED5100型2両のうちの5001で、EF58に類似した正面マスクや右運転台が特徴で、出力も200kW×4と大きいため重宝された。長野電鉄の貨物輸送廃止後は越後交通に譲渡され、同社長岡線で使用された。ED5100型は1957年製だが、稼働した地方私鉄の会社事情もあり、長期にわたる活躍ができなかったのは不運といえた。

長野電鉄河東線　ED5001　屋代行き貨物列車　須坂駅　*1977.10.22*
写真撮影当時長野電鉄にはED5100型2両のほか、ED5000型1両が在籍した。このED5000型は発足時の長野電鉄が1927年から1928年にかけて日立製作所で3両製造したもので、同社が1926年に国産初の電気機関車として世に送った国鉄ED15型をやや小振りにしたようなスタイルだった。戦前には貨物列車のほか、国鉄からの乗り入れ客車を牽くなどの活躍をしたが、1969年にED5100型が入線したため、ED5002とED5003は越後交通に譲渡され、以後はED5001が予備機の形で残された。写真は須坂駅で貨物列車の組成を行うシーン。このED5001は長野電鉄の貨物輸送廃止後も、2002年に除籍されるまで除雪用や工事用などに使用された。

新潟交通新潟交通線

　上越新幹線新潟～燕三条間のルートに近い信濃川分流の中ノ口川流域の集落は、1世紀前には国鉄（現・JR）信越本線と同越後線開業後も鉄道と縁がなかったため、新潟・燕の両市町を白根経由で結ぶ鉄道建設を目指し、1929年6月に中ノ口電気鉄道が設立される。同鉄道は1932年7月に新潟電鉄に改称。翌1933年8月15日に県庁前～燕間35.8kmの全線が開業する。このうち県庁前～東関屋間は併用軌道上を走るため軌道法を適用し、架線電圧は600Vを採用。一方、東関屋～燕間は鉄道法の1500Vとなる。

　開業に際し、電車はすべて半鋼製の新車で揃えられ、直通運転を可能とするため複電圧とされた。1936年には新潟電鉄本社も入居する耐火煉瓦張りの県庁前駅舎が完成。新潟電鉄線は当初、県庁前から万代橋を渡って国鉄新潟駅前に乗り入れる予定だったが、戦争の影響や自動車の通行量増加で立ち消えになってしまった。1943年12月には国策による企業統合で新潟電鉄は、新潟合同自動車と合併し同社電車部になる。そして終戦直前に600V区間の1500Vへの昇圧を果たす。

　新潟交通鉄道線（以下新潟鉄道線）は、県都と工業都市・燕を結ぶ直通客のほか通勤・通学客を中心とする区間旅客の利用が多く1960年代前半までは賑わいを見せ、車体を更新した中型電車も投入されていた。しかし、1964年6月の新潟地震による被害で軌道線が半年、鉄道線は1か月の運休を強いられてからは、モータリゼーションの進展もあって輸送量に陰りが目立つようになる。そして、1964年以後は合理化政策として自動信号やCTC導入のほか、ワンマン運転も早期に実施されるが、1992年から段階的に廃止が進み、1999年8月15日に全線の営業を終了した。

新潟交通　モハ10型14　燕行き　県庁前駅　1982. 2. 26
新潟交通線の起点県庁前駅を発車するモハ10型14を後部とする燕行き2連。県庁前駅は新潟電鉄全通時こそ仮駅舎での営業だったが、1936年3月に木造一部3階建てのモダンな耐火煉瓦張り駅舎が完成。撮影当時も駅舎は健在で、1階は駅施設、2・3階は新潟交通電車部事務所のほか商業施設が入居していた。この県庁前駅は道路上にあり、ホームは1面1線構造であるため、形式写真が撮りやすいことで鉄道ファンの間から人気があった。1985年6月1日に新潟県庁の移転に伴い白山前に改称されたが、旧県庁と白山神社は何れも駅から目と鼻の先の位置だった。

新潟交通　クハ45型48　燕行き　県庁前〜東関屋　1983.3.7
小雪がちらつく併用軌道上を行くクハ45型48を先頭とする燕行き3両編成。新潟交通線の制御車はつねに下り方に連結されていた。県庁前〜東関屋間2.6kmは国道8号との併用軌道で、この区間は軌道法の適用を受け、戦前は軌道線専用の路面電車（単車）も運転され、途中に6つの停留場が設けられていた。写真のクハ48は開業当時の半鋼製車クハ32からの改造車で、1968年に小田急デハ1400型の車体を購入し、正面の貫通扉を埋めるとともに、連結器下部に排障器を取り付けている。この車両は1993年8月の月潟〜燕間廃止に伴い廃車された。

新潟交通　モハ10型14　県庁前行き　東関屋〜県庁前　*1983. 3. 7*
国道8号の併用区間を行くモハ10型14を先頭にクハ45型2両を連結する1M2Tの経済的な3両編成。県庁前駅のホーム
長は約50mしかないため、3両編成時には下り方の1両は運転室寄りの扉を使用することができなかった。朝のラッシュ

時のせいか、電車は広いとはいえない道路上をクルマに遠慮がちに走っているが、この道路中央を行く電車が交通渋滞の原因となるほか、歩道をつくれない等の問題もあり、白山前（1985年6月1日に県庁前を改称）～東関屋間は他区間に先がけ1992年3月20日に廃止された。

新潟交通　モハ24型25　白山前行き　曲～千日　*1987. 9. 4*
梨畑が広がる曲～千日間を行くモハ24型25の白山前行き。起点駅が県庁前から白山前に改称されていたものの、新潟交通線は全線が健在だったが、利用客の減少で昼間の電車は大半が単行での運転だった。このモハ24型25は1969年に日本車輌で全金新製車体を製造。台車や電気部品は1935年製の半鋼製車旧モハ15のものを流用しているが、書類上では新造

扱いなので新潟交通線としては最後の新造車である。当時大手私鉄では通勤冷房車が誕生していたが、モハ25はそうした新機軸とは縁がなかったこともあり、新潟交通線では最後まで冷房車が入ることはなかった。また、新潟交通線電車の塗装は窓回りが山吹色、その上下が緑であることで沿線では「かぼちゃ電車」と呼ばれ親しまれていた。

新潟交通　モハ24型25　木場行き　木場駅　*1993. 2. 5*

新潟交通　モハ24型25・モハ10型11　東関屋行き　木場駅　*1993. 2. 5*

モハ24型25が木場駅で東関屋行きとして折り返すまでの間に、燕発の先発東関屋行きモハ10型11が上りホームに到着する。ラッシュアワーだが、2本の電車とも単行のワンマン運転であることや、車両をはじめとする施設が一世代以上前の1960年代半ばのままであるところに、新潟交通線の行く末も垣間見えるようだ。

モハ24型25の木場行き電車が同駅に到着。周辺にある事業所や高校へ通う通勤・通学客で、開業時の姿を残す古風な駅は賑わいを見せる。しかし、1960年代のピークには1日あたり2万人近い乗降があったといわれる新潟交通線も、モータリゼーションの波に飲み込まれるようにその後の乗降客数は激減。1982年4月からは電車のワンマン運転が実施された。

新潟交通　モハ24型25・モハ10型11　東関屋行き　木場駅　*1993. 2. 5*

モハ24型25を木場駅上りホームに残し、発車するモハ10型11の東関屋行き。この電車は1966年に日本車輌で製造された全鋼新製車体に、創業時の半鋼製車旧モハ14から流用した台車と電装品を載せた車両で、モハ11・12・14の3両は一括りにモハ10型とされた。なお、当時新潟交通線内には起終点を含む24の駅が存在し、うち交換可能駅は東関屋・焼鮒・越後大野・木場・七穂・白根・月潟の7駅だった。

新潟交通　モハ18型18　東関屋行き　燕〜灰方　1993. 2. 5
冬の夕日を浴びながら越後平野を行く新潟交通線モハ18型18単行の東関屋行きのシルエット。パンタグラフや列車無線、
ワイパー、バックミラー、排障器、運転台横の屋外配線など、細かい部分も見え興味深い。地方私鉄ファンなら一目で新

潟交通の電車であることが判ることと思われる。シルエットから車内はすべての座席が埋まり、少なくとも20人の乗客は立っているものと思われるが、電車が走る区間を含む月潟〜燕間は半年後の1993年8月1日に廃止が決定している。全線が平坦区間で県都を起点とし人口密度が比較的高い地方でも、鉄道とは一体何だったのか考えさせられてしまう。

蒲原鉄道蒲原鉄道線

　蒲原鉄道は、新潟県中蒲原郡の商工業地で国鉄（現・JR）のルートから外れた村松町に鉄道を建設する目的で、1922年9月に会社を設立。翌1923年10月20日に五泉～村松間（通称・村松線）が、新潟県内としては初の電気鉄道で開業。架線電圧600Vの木造電車デ1型2両が新製投入された。こうして、わずか4.2kmの区間ながら磐越西線とレールがつながり、初期の目的を達成した蒲原鉄道は、村松～加茂間（通称・加茂線）の建設に乗り出し、1930年10月20日に五泉～加茂間21.9kmの全通を果たす。

　村松開業から7年もかかったのは、免許取得の遅れのほか、平坦な「村松線」に対し、「加茂線」は標高が低いとは言え途中2か所のトンネルを含む山間部を走るのが理由だった。それでも全通により起終点とも国鉄線に接続し、五泉～加茂間の"第2鉄道"となった蒲原鉄道線だが、全通当時は起終点を含め沿線に都市はなく、「田舎の電車」そのものだった。しかも、中心となる村松は同じ郡内の五泉や県都・新潟との結びつきが強いため、沿線人口の少ない「加茂線」は当初から閑散路線に甘んじた。

　そのため、全通に際し半鋼製電車デ11型3両が投入されたものの、運転系統は村松で「村松線」と「加茂線」に二分され、電車は両線とも村松を起点として運転されたが、電動車の在籍は1975年の11両が最高だった。それでも、蒲原鉄道は対抗交通機関の少ない1960年代半ばまでは地域の足として活況を呈したが、以後のモータリゼーション進展には対処できず、1985年4月1日に「加茂線」区間、1999年10月4日には全区間が廃止された。蒲原鉄道は創業から鉄道廃止まで一度も会社名が変わらず、現在もバス会社として残っている。蒲原鉄道に在籍した電車はすべて吊り掛け式駆動であるほか、冷房車が最後まで出現しなかったのは、21世紀近くまで生き延びた鉄道としては奇跡といえた。

蒲原鉄道　村松駅本屋　1976.10.10
幾度かの補修を受けながらも開業時の面影を残す木造2階建て時代の村松駅舎。正面上部には社章が掲げられている。村松駅は五泉～加茂間の蒲原鉄道では中間駅だが、2階には蒲原鉄道本社が置かれ、駅構内には車庫も存在する蒲原鉄道の中枢でもあった。この駅舎は村松町の都市計画による県道拡張を機に、1980年11月に鉄筋コンクリート3階の建物に改築された。

蒲原鉄道　モハ71型71　村松行き　五泉～今泉　1996.3.6

1985年4月の路線短縮後、蒲原鉄道線電車は朝の通勤・通学輸送時の1往復を除き単行のワンマン運転が基本だが、バイクや自転車の使用が困難な降雪期は旅客が増加するため、写真のような3連で運転された。写真は先頭からモハ71型71＋クハ10型10＋モハ31型31の編成。撮影当時蒲原鉄道の在籍電車数は5両だけで、3両編成では両端間の貫通ができないため、車掌が乗務していた。

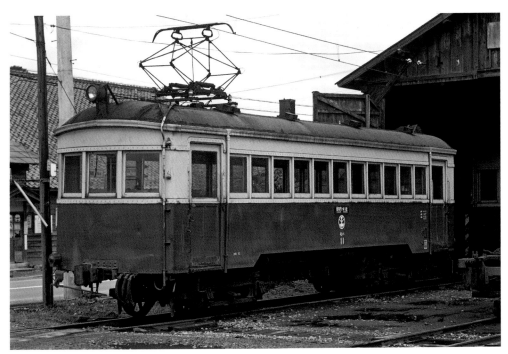

蒲原鉄道　モハ11型11　村松駅　*1976.10.10*
モハ11型11は、蒲原鉄道全通の1930年に増備された半鋼製の12m車で、同時期に同じ日本車輌で製造された庄内交通湯の浜線（1975年廃止）のモハ１型とは、窓が１段式と２段式との違いこそあれ瓜二つだった。小型車のため運用は限定されており、1985年の部分廃止時に引退した。蒲原鉄道線電車は両数と出自との関係で１形式1両が“原則”になっているが、このモハ11型に限っては11～13の３両が登場。撮影当時モハ11とモハ12の２両が在籍していた。なお、撮影場所はれっきとした車庫内なのに、撮影データでは「村松駅」と記しているのは、蒲原鉄道では車庫部分も村松駅構内とし、「車庫」や「電車区」などの名称を使用していないのが理由だった。

蒲原鉄道　モハ21型21　村松駅　*1976.10.10*
写真のモハ21型21は、当時客車のハ１型１と同様、全国でも減多に見られなくなった現役の木造車で、出自は1925年に製造された名古屋鉄道のモ450型455である。終戦直後の蒲原鉄道は車両不足に悩んでいたため、運輸省からモハ63型電車の割り当て受けている名鉄から購入したわけである。モハ21は13mの小型車体のため、1952年に車体が新製されたモハ31型31に主電動機と台車を譲り、代わりに創業当時の木造車の電動機と足回りを流用して生き延びた。当時のモハ21はさすがに老朽化が進んでいることから予備車存在であり、村松～加茂間廃止を待つことなく1979年に引退した。

蒲原鉄道　モハ41型41　五泉行き　今泉～五泉　*1999.4.17*
平野部の今泉～五泉間を行くモハ41型41のサイドビュー。アルミサッシの窓と手入れが行き届いた外観が印象的だ。
このモハ41は、蒲原鉄道線全通の1930年に登場したモハ11型13の台車と主電動機を流用して、1954年に東京電機工業で
新製した正面2枚窓の15m車体とを組み合わせた車両である。当初は2扉のクロスシート車だったが、輸送力増強のた
め、1963年に16.7m車体の3扉ロングシート車に改造された。蒲原鉄道では大型車の部類で、車体も新しいことで全線
廃止時まで在籍した。

蒲原鉄道　モハ61型61　村松行き　五泉～今泉　*1999.4.15*
上の写真と同じ区間を行くモハ61型61＋クハ10型10の2両編成。蒲原鉄道線が五泉～村松間だけの運転となった1985
年4月以後、クハ10は貫通編成を組む関係でモハ71型71と連結するのが原則だったが、この日は相方が非貫通のモハ61
のため車掌も乗務している。蒲原鉄道線は1999年10月に全線廃止されるので、電車が桜を見ながら走るのもこの春が最
後になる。

蒲原鉄道　モハ11型11　ED 1　村松駅　*1976.10.10*
蒲原鉄道村松駅構内の車庫で一休みするモハ11型11とED 1。ED 1は全通の1930年に蒲原鉄道が購入した電気機関車
で、片側に寄せられたボンネット状の機械室を有している点では、59ページに掲載の松本電鉄ED30 1とスタイルが類似
している。そのため米国のウエスチングハウス・ボールドウィン社製であると思われがちだが、実際には日本車輌が製
造した模倣型の国産車である。

蒲原鉄道　ED 1　五泉行き貨物列車　村松駅　*1981. 5.28*
ワラ1型などの国鉄貨車を連結し、村松駅で待機中のED 1。ボンネット正面の大きな社紋は古典機関車のチャームポ
イントだ。また、庇上部に2個の補助灯が付けられているのは、除雪作業時の視界確保が理由だといわれる。蒲原鉄道
では沿線の村松町（現・五泉市）が機業地であることで、貨物列車は開業当時から運転されていたが、1984年2月の国鉄
貨物のヤード系輸送廃止に伴い運命をともにする。しかし、貨物列車廃止後も、線路の補修工事や除雪用に電気機関車
が必要なため、このED 1は廃線時まで在籍した。

蒲原鉄道　モハ31型31　五泉行き　今泉〜五泉　1996. 3. 6
バックに越後山脈の山並みを眺めながら磐越西線乗換駅の五泉に急ぐモハ31型31＋クハ10型10＋モハ71型71の３両編成。この日は土曜日。「たら、れば」を言っても仕方ないが、「加茂線」が健在であったなら、冬鳥越へ行くスキー客で日中の電車も大半がこのような３両で運転されていたことだろう。モハ31型31は車歴こそ蒲原鉄道開業時の木造車デ

1の鋼体化だが、これは名義上のもので、実際は1957年に東京電機工業で新製した15m車体に、モハ21型21の主電動機と台車を載せた車両で、1959年に登場するモハ41型41も当初は類似したスタイルの車両だった。なお、モハ41のパンタグラフは1枚シューで、蒲原鉄道線ではこの仕様を採用している電動車が多かった。

蒲原鉄道　モハ61型61　五泉行き　村松〜今泉　1999.3.5
古風な島式1面2線ホームの村松駅を発車するモハ61型61単行の五泉行き電車。右側に見える鉄筋コンクリート造り
で、蒲原鉄道本社も所在する駅ビルとは好対照だ。ホーム右側に停車する電車はモハ31だろうか。「加茂線」の廃止で
延長わずか4.2kmと、当時では紀州鉄道の2.7kmに次いで全国でも2番目のミニ私鉄となった蒲原鉄道は、利用客数が年々
減少しても、まだ降雪時には重宝にされる鉄道だった。

蒲原鉄道　ED 1　除雪用スノープラフ装備　村松駅　1993.2.4
蒲原鉄道唯一の電気機関車ED 1は、鉄道路線が五泉〜村松間に短縮された1985年以後も在籍したが、数少ない仕業の一
つである除雪も、沿線は新潟県内としては降雪量が比較的少ない地域であるせいか、機関車の出動する機会は少なかった。
それでも、ED 1は冬場にはスノープラフを装着し"大雪"に備えていた。写真はその時の姿だが、庇の補助灯は使う機会
がほとんどないせいか、撤去されていた。昭和初期製の古典機関車と平成生まれのバスとの並びもまた楽しい。

蒲原鉄道　モハ61型61　村松行き　今泉〜村松　1996. 3. 5
雪中の今泉〜村松間を行くモハ61型61単行の村松行き電車。同区間を含む五泉〜村松間は、五泉駅付近を除けばほとんどが平坦な直線区間で線形が良いが、吹雪の日は踏切での安全確保のため、電車は前照灯を点けたままで運転されていた。撮影当時、蒲原鉄道では電車が5両在籍したが、ふだんは3両使用、2両が予備のゆとりある運用だった。電動車はすべて両運転台付きで、その中でも写真のモハ61がもっとも使用されているようだった。

北越急行ほくほく線　HK100型　六日町行き　犀潟〜くびき　1997. 6. 8
くびき付近を行くHK100型単行の六日町行き。ほくほく線は国鉄時代の線路規格なら特別甲線にランクされる60kgの
ロングレールやスラブ軌道を使用する高規格路線だが、撮影当時沿線は、十日町を除けば都市が存在しない過疎地であ
るため、日中の電車は単行運転だった。HK100型は運転室のすぐ後方に客用扉が設置されていてワンマン運転に適した
構造で、20m車体側面には幅1080㎜の固定窓が整然と並び、中央の窓４枚分には固定クロスシートが配置されるなど、
鉄道好きの利用客には優しい車内レイアウトだった。

北越急行ほくほく線　HK100型　六日町行き　くびき駅　1997. 6. 8
高田平野部分のくびき駅ですれ違うほくほく線上下電車。同線は正式には六日町が起点だが、運転上では北陸本線に出
入する特急列車に合わせ、写真右の六日町行きが下りとされている。高架のくびき駅は、写真で見る限りは大手私鉄の
駅と変わらず、最高速度110km/hのHK100型電車も空気バネのボルスタレス台車にVVVFインバータ制御、冷房を装備
しており、撮影当時のJRや大手私鉄の新型電車並みである。同じ頃、新潟県内にはこうした新機軸とは無縁の電車ばか
りで営業を行っている鉄道会社が２社もあったのは信じられない。

北越急行ほくほく線　HK100型　犀潟行き　くびき〜犀潟　1997. 6. 8
田植えが終わった高田平野の盛土高架を行くHK100型単行の犀潟行き。トンネル区間が全線の３分の２強を占めるほ
くほく線にあって、このくびき〜犀潟間は数少ないトンネルが１か所もない区間である。HK100型には写真のように白
をベースに青のラインの一般型のほか、北越急行681・683系類似色の「ゆめぞら」、それと本書に写真の掲載はないが、
白をベースに赤と青のラインがグラデーションとなり、正面の帯色が前後で異なるイベント対応の転換クロスシート車
の３種がある。そして、HK100型全車の戸袋部分には会社のロゴマークとイメージキャラクターの「ほっくん」（うさぎ）
のロゴが入れられている。

北越急行ほくほく線 JR西日本681系＋北越急行681系・9連 特急「はくたか」金沢行き
まつだい～ほくほく大島 2013.12.7

一線スルーの設備を活かし、師走のまつだい駅を高速で通過するJR西日本・北越急行両社の681系混成9連の越後湯沢
発金沢行き特急「はくたか」。撮影当時ほくほく線経由の「はくたか」は越後湯沢～金沢間を中心に13往復運転だったが、
先の2005年3月改正で車種は160km/h対応の681系（北越急行は683系も使用）に統一されていた。北越急行の681・683
系は、配置先こそHK100型と同じ六日町運輸区だが、実際にはJR西日本金沢総合車両所を基地としていたため、撮影当
時は同所の681系JR車と併結で運転される機会が多くなっていた。

北越急行ほくほく線 JR東日本
485系・9連 特急「はくたか」
越後湯沢行き
くびき～大池いこいの森
1997.6.8

ほくほく線の第一の使命は、上越新幹線と北陸本線を仲介して結ぶ東京～北陸間の高速輸送である。そのため特急「は
くたか」は1997年3月22日改正で10往復が新設され、車両はJR西日本681系が4往復、以下同485系3往復、北越急行681
系2往復、JR東日本485系が1往復だった。JR西日本車が過半数を占めるのは、金沢～直江津～犀潟～六日町～越後湯
沢間での3会社の営業距離比率によるものだった。写真はそのうちのJR東日本上沼垂運転区の485系による1007M越後
湯沢行き「はくたか7号」。485系を新車並みの水準にグレードアップした改造車だが、車両の性能との関係でほくほく
線内の最高速度は120km/hに抑えられたため、2005年3月改正で姿を消した。

北越急行ほくほく線　北越急行681系・9連　越後湯沢行き　くびき〜大池いこいの森　*1997. 6. 8*
左下の写真と同じ区間を行く北越急行681系の特急「はくたか」。1971年に廃止された頸城鉄道百間町〜大池間の線路跡が並走するが、ほくほく線は小集落を無視した線形で建設されているので、118〜121ページの写真と見比べていただいても、山地部分を走行しているのは一目瞭然である。写真の北越急行681系は細部を除けばJR西日本車と変わらないが、2000番代で区分し、塗装も白をベースに赤とライトグレーのラインを施すなど、独自性を強調している。なお「はくたか」は、起終点間でJR西日本・北越急行・JR東日本の3社にまたがって走行するため、ほくほく線を含む直江津〜越後湯沢間はJR東日本の運転士が乗務する。

北越急行ほくほく線　北越急行681系・9連特急「はくたか」越後湯沢行き　JR北陸本線　入善〜西入善　1999.4.22
色とりどりのチューリップが開花したJR北陸本線（現・あいの風とやま鉄道）沿線のチューリップ栽培畑を眺めながら
快走する下り越後湯沢行き特急「はくたか」。9両全編成が北越急行681系で揃った編成だ。北越急行の681系には「スノー
ラビット」の車両名が付けられ、写真のように左側から2両目（②号車）と5両目の連結面、それに4両目の業務用扉と
客室の間に車両名のロゴマークが付けられていた。さらに先頭車は流線型では乗務員用扉後方の窓上、貫通型では乗務

員用扉の前方に会社のロゴが入れられていた。こうした北越急行の681系2000番代は、2015年3月15日の北陸新幹線金沢開業で「はくたか」の任を終え、車両は同じ形式番号のままJR西日本に譲渡される。新幹線連絡の使命を失ったほくほく線は優等列車の設定がない地方私鉄に戻り、写真の北陸本線も金沢〜直江津間が第三セクター鉄道化される。新幹線鉄道の並行在来線との宿命とはいえ、この区間でチューリップ畑と長編成特急を組み合わせた写真は、もう撮ることができない。

旧頸城鉄道自動車　2号機　ホジ3　復元後　くびき野レールパーク　*2012.10.20*

くびき野レールパーク　〜頸鉄の軽便車両が蘇る〜

くびき野レールパークは、頸城平野を駆け抜けた貴重な軽便鉄道の車両たちの活躍の跡を後世に伝えるべく、頸城鉄道廃止37年後の2008年10月に百間町車庫の跡地を利用してオープン。旧頸城鉄道で活躍した蒸気機関車2号機のほか、ディーゼル機関車DC92、気動車ホジ3、2軸客車ハ6、無蓋貨車ト5などが保存されている。また、旧百間町駅構内には旧機関庫や、1963年に直江津市（現・上越市）に移転する前の頸城鉄道旧本社屋が解体されずに残されており、資料館として活用されている。しかし、廃線後にも解体を免れていた車両たちの中には、行方が分からなくなったものもあり、探し出すのも大変だったといわれる。現在、一部の車両は動態保存されており、毎年5回ほど実施される一般公開では、乗車体験走行が実施され、鉄道ファンや家族連れでにぎわっている。写真は現役当時の姿に復元された2号機とホジ3。

昭和の憧憬②　〜越後の軽便鉄道〜
頸城鉄道自動車頸城鉄道線、越後交通栃尾線

　わが国の鉄道の軌間（ゲージ）は大別するとJR新幹線や主に関西の私鉄によく見られる1435㎜と、東京都の私鉄や都電、地下鉄の一部で採用される1372㎜、JR在来線や私鉄の過半数でおなじみの1067㎜、それに762㎜の4種がある。このうち762㎜ゲージは軽便鉄道やナローゲージとも呼ばれ、建設費や使用車両が廉価なことで、人口密度の低い地域などで建設された。

　1960年代半ばの、新潟県内には頸城鉄道自動車と越後交通栃尾線が762㎜ゲージ鉄道で残っていた。この2社は頸城鉄道鉄道が未電化で蒸気機関車やディーゼル機関車、それに木製客車を改造した気動車で短編成の客車を牽引するのに対し、栃尾線は電化鉄道で、762㎜ゲージ鉄道として最大級の全電車を新製したり、総括制御運転を導入したりするなど、1067㎜ゲージなどの私鉄と変わらぬ運転を展開していた。しかし、両鉄道ともスピードが遅く輸送力が小さいのは致命的で1975年までに廃止されてしまった。頸城鉄道は百間町〜飯室間運転になった時点で『時刻表』から抹殺されたのは気の毒だった。

国鉄信越本線黒井駅の東側に隣接する新黒井駅で待機する頸城鉄道自動車（以下頸城鉄道）のディーゼル機関車DC92。頸城鉄道が開業に備えて購入したドイツ・コッペル社製の蒸気機関車1型1号を、1954年に協三工業でディーゼル機関車に改造。形式番号のDはディーゼル機関車、Cは動輪数、9は重量（自重9ｔ）、2は頸城鉄道で2番目のディーゼル機関車であることを示している。新黒井駅は国鉄の閑散ローカル線や地方私鉄の起終点駅でよく見られる1面1線のホーム配線だが、構内は広く機回し線や複数の留置線を有しており、駅舎も木造2階の堂々たる建物だった。

頸城鉄道自動車　ディーゼル機関車　DC92　新黒井駅　*1967.3.3*

越後交通・栃尾線　モハ217　栃尾行き　上見附駅　*1966.5.11*

平面スイッチバック配線の上見附駅で発車を待つモハ217以下3両編成の栃尾行き。当時の栃尾線ではまだ総括制御を実施していなかったので、未電化時代の気動車同様電車が機関車の役割を担い、荷物車を含む客車を牽引する運転方式だった。そのため、長岡方面から客車2両を牽いてやってきた217は、上見附到着後は客車から離れて機回し線に入って客車の反対側に移動し、再び発着線に入って客車を連結する作業を行っていた。栃尾行きの先頭に付いた217は栃尾線では最新の電車で1966年2月の製造。当時はピカピカの新車の部類だが、マルーン1色のせいか地味な印象だった。

頸城鉄道自動車頸城鉄道線

　新黒井〜浦川原間15.0kmの鉄道路線を有した頸城鉄道は、新潟県中頸城郡大潟村（国鉄信越本線黒井）と東頸城郡下保倉村浦川原を結ぶ軽便鉄道法による762mmゲージの蒸気鉄道として、1913年4月6日に創業。そして、1914年10月1日に新黒井〜下保倉間が開業し、1916年5月5日に浦川原までの全通を迎える。全通時には蒸気機関車が有名な2号機を含む3両、客車はボギー車6両、貨車は有蓋車11両・無蓋車6両が在籍した。これらの車両の中には他車種に改造されたものもあるが、ほぼ全車が部分廃止時まで活躍を続けた。

　頸城鉄道の沿線は全国でも有数の穀倉地帯だが、人口が少なく豪雪地帯でもあった。このため当初から冬場を除いては鉄道利用客が少なく、閑散時対策として1920年代に新製の2軸単端式、1930年代には客車改造のボギー式ガソリンカーが登場するが、戦後はディーゼル機関車の導入により、2軸単端式は廃車、ボギー式はホジ3が残されたものの、ホジ4は客車に戻されてしまった。この間、大戦中の1944年4月30日に国策による頸城地方の交通一元化に伴い、社名が頸城鉄道自動車に変更される。だが、関係者はもちろん沿線住民も旧社名に愛着があるのか、「頸城鉄道」のほか社章から「マルケー」と呼ばれていたようだし、実際に新黒井駅の看板には最後まで「頸城鉄道」と大書されていた。

　こうした頸城鉄道も、1960年代になって沿線の道路が整備されると旅客はバスやマイカー、貨物はトラックに移行する。そして車両の老朽化もあり、1968年10月1日には黒井〜百間町間と飯室〜浦川原間が廃止。残された中間の百間町〜飯室間はホジ3が終日単行運転を行う寂しい状態になるが、これも1971年5月2日限りで終わりを告げた。頸城地方から軽便鉄道が消えて半世紀以上が経過しても、頸城鉄道の社章は会社が頸城自動車に変更された現在も健在で、車両の一部はくびき野レールパークで保存され、年に数回ではあるが乗車体験走行が実施されているのは幸いである。

頸城鉄道自動車頸城鉄道線　2号機　浦川原行き　新黒井駅　1966.5.12
新黒井駅本屋を背景に浦川原行き混合列車を牽く2号機の引退記念列車。かつては日常の風景だったが、動力近代化の波は頸城野の軽便鉄道にも押し寄せ、鉄道ファンの間から"コッペル2号"として親しまれた蒸気機関車とも今日でお別れ。この日のために美しく磨かれた2号機は新黒井駅前頭での引退式を終え、浦川原へ向けての最後の旅路に就く。2号機が長い編成の列車を牽く姿は車体に飾りなど一切ない"普段着の姿"だけに、頸城鉄道の全盛期を彷彿させた。

頸城鉄道自動車頸城鉄道線　DB81　新黒井行き　２号機　百間町行き　新黒井駅　*1966.5.12*
新黒井駅に到着するDB81牽引の上り列車と、新黒井〜浦川原間１往復の引退記念運転を終え、逆向きで回送を兼ねた百間町行きとなる２号機牽引列車との出会い。２号機と頸城鉄道の蒸気機関車にとっては、百間町までの5.4kmが正真正銘の最後の仕業だ。この列車もファントリップ用であるため、北四ッ谷駅付近では2度も、撮影のため停車するという演出が行われた。当日は雲一つない晴天に恵まれ、参加したファンにとっては「鉄道趣味史上で空前の佳き体験の日」になった。

頸城鉄道自動車頸城鉄道線　２号機　国鉄信越本線上り列車C57型　新黒井駅　*1966.5.12*
引退記念運転で、9:35の新黒井出発を前に点検・準備中の２号機。隣接する国鉄信越本線黒井駅の構内には、9:28発の新潟発高田行き1324列車を牽引するC57の姿が見える。当時の信越本線は直江津〜宮内（長岡）間が未電化だった。

頸城鉄道自動車頸城鉄道線　DC92　新黒井行き　百間町〜北四ッ谷　1967.3.3
早春の頸城野を行くDC92牽引の新黒井行き混合列車。秋には一面が黄金色に実る水田地帯も、まだ雪のカーペットに
覆われている。機関車のピン・リンク式（朝顔型ともいう）連結器や古典的な木造客車に軽便鉄道らしさを感じさせるが、
豪雪地帯であるが故に、道路が整備されていない時代の頸城鉄道は冬季にはなくてはならぬ交通機関だった。

頸城鉄道自動車頸城鉄道線　DB81　浦川原行き　北四ッ谷～百間町　1967.3.3
左ページと類似地点を行くDB81牽引の浦川原行き混合列車。頸城鉄道線列車は新黒井を出て右にカーブを切ると、百間町までの約5kmは平野を一直線に南東方向に進むため、撮影をしていると地平線から黒い塊がゆっくりと進んでくる感じだ。写真のDB81はDC91と同様蒸気機関車からの改造で、こちらの種車は戦後の1949年に仙台鉄道から購入した3型3号蒸機。1945年に協三工業で製造されたので、戦時設計車だった。ディーゼル機関車への改造は1952年で、左右開閉式の正面中央窓が特徴といえた。1桁目の番号が示すように、頸城鉄道では最初のディーゼル機関車である。

頸城鉄道自動車頸城鉄道線　DB81　新黒井行き　百間町駅　1967.3.3
頸城鉄道では、途中百間町・明治村・飯室の3駅に交換設備を有していた。写真は右側通行の百間町駅で交換するDB81牽引の新黒井行きと、後尾の貨車が見えるDC92牽引の浦川原行きとの上下列車。百間町には車庫（検車区と運転区）があり、運転上の拠点駅で左側に見える立派な建物は旧本社。右側のホーム上には珍しい両腕信号機が設置されている。頸城鉄道では信号機やポイント切換えの作業はおもに女子職員が行っていた。

頸城鉄道自動車頸城鉄道線　ホジ３　浦川原行き　百間町〜鵜ノ木　1966.5.12
のどかな頸城野を行くホジ３＋ワ１型の下り混合列車。頸城鉄道の気動車は1920年代から50年代にかけて、ボギー車のホジ１型（３・４）と、単端式の小型車ジ１型（１・２）が在籍していた。しかし、1960年にDC123が十勝鉄道から譲渡され、ディーゼル機関車が３両となって必要数を満たしたことで、1961年からは気動車はホジ３が残るだけとなった。撮影当時の頸城鉄道では、列車はディーゼル機関車またはホジ３が数両の客車と貨車を牽く混合列車が基本だったが、この列車は早朝運転のせいか、気動車・貨車とも1両だけの短編成だった。

頸城鉄道自動車頸城鉄道線　ホジ3　新黒井行き　2号機　新黒井行き　明治村駅　*1966.5.12*
1966年5月12日は頸城鉄道で最後まで現役蒸気機関車として残っていた2号機の引退記念列車で、当日は百間町〜新黒井〜浦川原〜明治村（昼休み）〜新黒井〜百間町の経路で運転された。写真は浦川原到着後、ターンテーブルで機関車の向きを変え新黒井行き列車となって折り返す途中、車両撮影を兼ねた昼休みのため、明治村駅側線で待避する記念列車。後続のホジ3を先頭とする新黒井駅行き定期混合列車に追い抜かれるという、軽便鉄道としては非日常的な光景である。

頸城鉄道自動車頸城鉄道線　ホジ3　動態復元後　くびき野レールパーク（旧・百間町駅）　*2012.10.20*
頸城鉄道では全線廃止の1971年5月2日まで在籍していた木製気動車のホジ3。「お座敷客車」の元祖ともいえる1914年製のたたみ敷き客車ホトク1を、1932年にガソリンカーに改造。当初はオープンデッキの妻貫通口に扉を付け、客室両端の進行方向右側に運転台を設けた以外は、客車スタイルだったが、戦後の1951年に中央デッキの密閉型車体に改造されると同時に、ディーゼルエンジンに取り換えられた。しかし、エンジンは床下に収まりきらず客室内に突き出たため、その部分に大きなカバーが取り付けられた。写真は復元後のもので、塗装は現役時代同様マルーンで、窓枠と窓下帯が黄色なので、特にモノクロームの写真写りがよかった。

頸城鉄道自動車頸城鉄道線　２号機　新黒井行き　花ケ崎～明治村　1966.5.12
頸城鉄道線は762㎜ゲージの鉄道としては、最小曲線半径が300m、最急勾配は6.7‰で線形に恵まれているが、それでも明治村付近から浦川原までは山裾に沿って線路が敷設されているため、山間風景が展開する。写真は花ケ崎～明治村間を行く２号機の引退記念列車。当日は遠来の鉄道ファンのため、列車を何度も駅の途中で停めて撮影会を行うなど、空前絶後とも思われる"大サービス"が実施された。しかし、何といっても機関車や客車・貨車とも明治～大正期の"陸蒸気"そのもので、当時の姿が再現されているのがよい。機関車も全検を迎えているものの状態はよく、惜しまれての引退だった。

越後交通栃尾線

　越後交通栃尾線は、1910年の軽便鉄道法交付により全国に地方私鉄建設の機運が盛り上がった1913年4月に、長岡市と栃尾町を結ぶ長尾鉄道として認可申請書を提出。「長尾」は起終点市町の一字と地元出身の戦国武将・上杉謙信の旧姓に因むものだった。だが、その長尾鉄道は翌1914年5月1日に栃尾鉄道に名称変更され、1915年2月14日に下り方の浦瀬〜栃尾間が開通。同年6月の下長岡、1916年2月の長岡開業を経て、1924年5月1日に悠久山に達し全通を迎えた。全区間の距離は26.5kmで、762mm軌間の蒸気鉄道としては規模が大きい部類で、沿線には唯一のトンネルがある上北谷〜楡原間に16.7‰勾配が存在するが、全体としては平坦地形だった。栃尾・見附の両町ものちに市制を敷くなど沿線人口も比較的多く、鉄道としての条件には恵まれていた。

　この栃尾鉄道は762mm軌間鉄道の会社としては先進的で、1925年に地方鉄道としては初の気動車（単端式のガソリンカー）を導入。気動車は単車から1929年に片ボギー車、1932年製からは全長10mを超える両ボギー車に発展し、6両に達した1936年には蒸機牽引の混合列車が廃止され、旅客列車の全面気動車化が実施された。もちろんこの両数だけでは輸送力が不足するため、軽便鉄道ではお馴染みとなっている気動車が数両の客車を牽引する方式がとられた。戦時中はガソリン、戦後は石炭が不足したため、栃尾鉄道は直流600Vでの電化を決断。1948年3月にはガソリンカーからの改造車と草軽鉄道からの転入車により電車運転が開始される。気動車からの改造電車では、モーター1個をガソリンエンジンの代わりに吊り下げるシャフト駆動（並行カルダン）を開発したり、旧草軽鉄道車のモハ208には1956年に垂直カルダンを採用したりするなど、特記できる点が多かった。さらに同年には電圧が750Vに昇圧され、会社名も栃尾電鉄になる。この頃が会社の黄金時代といえた。

　1960年10月1日に長岡鉄道・栃尾鉄道・中越交通の3社が合併して越後交通が発足。越後交通栃尾線は翌年に自動連結器を採用する一方、悠久山〜上見附間でCTCを導入し、1966年には電車の総括制御を実施するなど、次々に鉄道近代化を推進する。電車も大手私鉄に引けを取らない正面貫通型車両が登場するなど、ファンの間から"日本最高レベルのナロー鉄道"として讃えられた。だが、その反面762mm軌間の鉄道ではスピードや輸送力が限られており、モータリゼーションの進展に太刀打ちすることはできなかった。そして、1973年4月16日に悠久山〜長岡間と上見附〜栃尾間、1975年4月1日には残る長岡〜上見附間も廃止されてしまった。

越後交通栃尾線　モハ210　栃尾行き　椿沢〜耳取　1966.5.11
見渡す限り水田が続く米どころの越後平野を行くモハ210を先頭とする栃尾行き3両編成。モハ210は1954年に自社工場で製造されたアルミカーで13.6m車体に対し、車高は2.9mと低いため、車体が寸法以上に長く見える。後方の車両はホハ24＋ホハ26で、新しい電車が古い客車を牽引する姿が見られるのが栃尾線の面白さだった。

越後交通栃尾線　モハ212　栃尾行き準急　長岡駅　*1966.5.11*
長岡駅を発車する栃尾行きモハ212を先頭とする栃尾行き準急。当時の『時刻表』では長岡～栃尾間に上下とも25本の列車が設定され、同区間23.7kmを63～68分かけて結んでいる。表定速度が20km/h台なのは、762mmゲージ鉄道では致し方ないところだが、準急の運転については『時刻表』に掲載されていない。CTCが設置され、交換可能駅の無人化や列車通過も可能となっていた当時、駅員配置駅は起終点を含めると悠久山・長岡・袋町・下長岡・浦瀬・加津保・椿沢・上見附・上北谷・栃尾とされていたので、準急はこれらの駅のどれか（あるいは全駅）に停車していたのだろう。しかし、通過駅を有する列車の種別が急行ではなく、準急なのは奥ゆかしい。

越後交通栃尾線　ホハ28　長岡駅　*1966.5.11*
撮影当時、栃尾線の長岡駅は762mmゲージ鉄道では最大規模と思われる2面4線のホームを有し、構内には上の写真にも見えるように車庫も併設されていた。写真はホハ28を最後尾とする悠久山行き。女子高校生の姿が多数見えるのは、悠久山までの沿線にある高校へ通学するのだろう。なおホハ28は1941年に日本鉄道自動車が草軽鉄道向けに製造したモハ101で、栃尾線では1961年11月から無電装のままで使用。1964年4月にホハ28に改番された。しかし、総括運転の進捗により、撮影半年後の1966年12月にサハ302に改造されるといった履歴を辿った。

越後交通栃尾線　モハ212　栃尾行き　上見附駅　*1966.5.11*
スイッチバック駅の上見附駅で進行方向を変えるべく転線する栃尾行き先頭車のモハ212。上見附駅は開業当初は名木野東方にありスルー構造駅だったが、沿線住民からの要望などで1919年12月に刈谷田川対岸の見附町中心街に移転したため、同駅ではスイッチバックを必要とした。栃尾鉄道としては機関車の方向転換など時間的ロスがあるが、利用客獲得のメリットの方が大きかった。写真のモハ212は栃尾電鉄としては初の外注電車で1957年12月の東洋工機で製造。その後の新製車の基本タイプとなる。

越後交通栃尾線　モハ211　悠久山行き　上見附駅　*1966.5.11*
転線を終え、悠久山への発車を待つモハ211ほか3両編成。上見附駅は島式1面2線だが、ホームの外側にスイッチバック運転のための機回し線と留置線を持ち構内は広い。先頭のモハ211は1950年に自社で製造したホハ21を1955年にクハ30に、1957年に新車同様の大改造を施し電動車化した複雑な履歴を辿る車両だが、1067mm以上の私鉄電車に遜色のない端正なスタイルを誇る。2両目は屋根が低い元草軽鉄道の小型車ホハ17またはホハ18、3両目は二重屋根で1916年製のホハ8と思われる。

越後交通栃尾線　モハ214　悠久山行き　上見附～名木野　1966.5.11
単線並列の上見附～名木野間を行くモハ214以下3連の悠久山行き。線路は刈谷田川橋梁を渡ったあと、名木野（長岡・悠久山）方向と、明晶（栃尾）方向に分かれる。先頭の214は1960年に東洋工機で落成した車両。半流線形の管通路付きの正面や側面のバス窓は当時の流行で、200番代の番号を持つ栃尾線のモハは、番号が大きくなるにつれて進化しているのが分かる。2両目は形態からホハ25、3両目のニフは写真では特定が難しい。写真左後方に上見附駅が見える。

越後交通栃尾線　ホハ11　上見附駅　1966.5.11
上見附駅の留置線で待機中のホハ11＋ホハ25。夕方の時刻には列車に増結されるのだろう。ホハ11は1928年製の旧東京都電杉並線265号で、1954年に栃尾線に入線。1067mm軌間で使用されていた車両が762mm路線に入るのは、路面電車の車幅が狭いとはいえ珍しい例だ。後方のホハ25は1960年にモハ202の電装を解除し、客車化した車両。元は1930年製の気動車（ガソリンカー）だった。栃尾線では電車の総括制御は1か月後の6月から実施されるが、一気に行われたわけではなかった。そのため写真撮影当時では、まだ客車は重宝にされていた。

越後交通栃尾線　モハ205　長岡行き　上北谷駅　*1966.5.11*

上北谷駅で行き違い待ちをするモハ205以下３連の長岡行き電車を、栃尾行き電車先頭車の窓から撮影した写真。モハ205は1932年に気動車として製造された車両を1949年に電車化し、さらに1958年には東横車両で旧台枠の中央切断の切り継ぎを行い、車体長を13mに延伸したという履歴を持つ車両で、気動車時代の面影は微塵もない。上北谷駅は写真撮影当時には２面２線のホームと上り方に引き込み線を有していた。撮影当時は栃尾線にCTCが導入されていたが、上見附〜栃尾間は未設置のため駅員が配置されていた。

越後交通栃尾線　モハ214　悠久山行き　栃尾駅　*1966.5.11*

栃尾駅で入れ替えを終え、悠久山行きとして折り返すモハ214以下３連。栃尾線の電車は1960年代前半までは、窓上がクリーム色、窓下が空色のツートンカラーだったが、写真撮影時は全車がマルーン一色に塗り替えられていた。連結器はピン・リンク式が主流の762mm路線では珍しいウイリソン自動連結器が取り付けられ、写真を見る限りでは架線との関係でパンタグラフを高く上げている以外は、1067mmゲージの列車と変わらない。栃尾駅は栃尾線の終点であるとともに、人口３万の栃尾市の玄関口でもあり、乗降ホームは１面１線だが、機回し線のほか貨物列車用の側線も多く、広い構内を有していた。

越後交通栃尾線　モハ217　耳取～名木野　1966.5.11
新潟平野独特のはさ木や新しく建てられた住宅群を見ながら、無人駅の名木野に到着するモハ217を先頭とする栃尾行き電車。栃尾鉄道開業の1915年にはこの付近に上見附駅があったが、1919年に刈谷田川対岸に移転したため、それでは不便ということで、戦後の1953年6月11日に新設された停留場である。軌間は762mmだが、30kgレールを使用していることやバランスの取れた近代的車両からは、とてもナローゲージの鉄道とは思えない。

【著者プロフィール】

諸河 久（もろかわ ひさし）

1947年東京都生まれ。日本大学経済学部、東京写真専門学院（現・東京ビジュアルアーツ）卒業。
鉄道雑誌社のスタッフを経て、フリーカメラマンに。
「諸河久フォト・オフィス」を主宰。国内外の鉄道写真を雑誌、単行本に発表。
「鉄道ファン／CANON鉄道写真コンクール」「2021年 小田急ロマンスカーカレンダー」などの審査員を歴任。
公益社団法人・日本写真家協会会員　桜門鉄遊会代表幹事
著書に「オリエント・エクスプレス」（保育社）、「都電の消えた街」（大正出版）、「総天然色のタイムマシーン」（ネコ・パブリッシング）、
「モノクロームの国鉄蒸機　形式写真館」・「モノクロームで綴る昭和の鉄道風景」（イカロス出版）、「モノクロームの私鉄原風景」
（交通新聞社）、「路面電車がみつめた50年」（天夢人）、「EF58最後に輝いた記録」・「1970年代〜80年代の鉄道　国鉄列車の記録
北海道編」（フォト・パブリッシング）など多数がある。2024年4月にフォト・パブリッシングから「地方私鉄の記録　北関東編」
を上梓している。

【解説者プロフィール】

寺本光照（てらもと みつてる）

1950年大阪府生まれ。甲南大学法学部卒業後、小学校教諭・放課後クラブ指導員・高齢者大学校講師を経て、現在はフリーの
鉄道研究家・鉄道作家として著述活動に専念。鉄道友の会会員
　主な著書に「列車名大事典 最新増補改訂版」「JR特急の四半世紀」「国鉄・ディーゼル特急全史」（イカロス出版）、「新幹線発達史」
「関西発の名列車」「国鉄・JR悲運の特急・急行列車50選」（JTBパブリッシング）、「明治〜現在 鉄道地図をくらべて楽しむ地図帳」
（山川出版社）、「こんなに面白い!近鉄電車100年」（交通新聞社）、「列車名の謎」（イーストプレス）、「国鉄優等列車列伝『とき』『佐
渡』」（フォト・パブリッシング）などがある

【掲載作品選定・ページ構成】
寺師新一、諸河 久

【掲載作品CMYKデータ　デジタルリマスター】
諸河 久

【路線解説・掲載写真キャプション】
寺本光照

【編集協力】
田谷惠一、篠崎隆一

1970年代〜2000年代の鉄道
地方私鉄の記録
第3巻【甲信越編】

2024年7月31日　　第1刷発行

著　者……………………諸河 久（写真）・寺本光照（解説）

発行人…………………高山和彦

発行所…………………株式会社フォト・パブリッシング
　　　　　　　　　　〒161-0032　東京都新宿区中落合2-12-26
　　　　　　　　　　TEL.03-6914-0121 FAX.03-5955-8101

発売元…………………株式会社メディアパル（共同出版者・流通責任者）
　　　　　　　　　　〒162-8710　東京都新宿区東五軒町6-24
　　　　　　　　　　TEL.03-5261-1171 FAX.03-3235-4645

デザイン・DTP ………柏倉栄治（装丁・本文とも）

印刷所…………………サンケイ総合印刷株式会社

ISBN978-4-8021-3475-0 C0026